生活因阅读而精彩

生活因阅读而精彩

TIAOCHU
SIWEILI
DE
QIANG

200个挑战青少年思维的

200 GE TIAOZHAN QINGSHAONIAN SIWEI DE QI'AN

小 陶 ⊙编著

中国华侨出版社

图书在版编目(CIP)数据

跳出思维里的墙:200个挑战青少年思维的奇案 / 小陶
编著.—北京:中国华侨出版社,2012.1

ISBN 978-7-5113-1895-4

Ⅰ.①跳… Ⅱ.①小… Ⅲ.①智力游戏-青年读物
②智力游戏-少年读物 Ⅳ.①G898.2

中国版本图书馆 CIP 数据核字(2011)第 257194 号

跳出思维里的墙:200个挑战青少年思维的奇案

编　　著 / 小　陶
责任编辑 / 立　羽
责任校对 / 孙　丽
经　　销 / 新华书店
开　　本 / 787×1092 毫米　1/16 开　印张/17　字数/249 千字
印　　刷 / 北京建泰印刷有限公司
版　　次 / 2012 年 3 月第 1 版　2012 年 3 月第 1 次印刷
书　　号 / ISBN 978-7-5113-1895-4
定　　价 / 29.80 元

中国华侨出版社　北京市朝阳区静安里 26 号通成达大厦 3 层　邮编:100028
法律顾问:陈鹰律师事务所
编辑部:(010)64443056　　64443979
发行部:(010)64443051　　传真:(010)64439708
网址:www.oveaschin.com
E-mail:oveaschin@sina.com

前言 QIANYAN

　　随着生活节奏不断加快，无论是对于在求学的莘莘学子，还是日益忙碌的上班族或是身心俱疲的企业领导者来说，是否能够拥有一套完整的思维体系至关重要。在探究茫然未知的过程中，只有全身心投入观察和思考，那么才能在浩瀚的思维世界里找寻出真谛，而整个孜孜不倦的探索过程，也是反哺受益的过程，更是破茧成蝶完善自我思维的过程。

　　侦探推理游戏不仅在启发思维的过程里起到举足轻重的作用，而且还能开启心灵、拓宽视野，培养一个人的观察力、创造力以及想象力，这对锻炼理性的思维大有益处。同时，侦探推理游戏还是一种具有极高的惊险性、刺激性和挑战性的思维游戏，比小说更真实，比游戏更有趣。不过最重要的事，侦探推理游戏还能让你在思索答案的过程中展现超强的理解、分析能力以及细密的创造性逻辑能力。人类需要思考，经常做些侦探推理游戏，不仅可以活跃思维，挑战智慧，而且还能最大限度地激发推理潜能，开发智力。

　　本书在编写过程中，数位资深侦探推理爱好者给予了莫大关注和积极推荐，本书收集了全世界最顶级的侦探推理游戏，相信会让翻阅此书的你眼前一亮。

　　本书分为两个部分，前部分为侦探游戏，后部分为推理游戏，每个故事都以读者兴趣为出发点，融知识性、趣味性于一体，展现惊险曲折、神秘莫测和扣人心弦的每一个细节，力争成为一本经典、好玩的侦探推理图书。本书包罗万象，涵盖面广，在讲究效率的今天，鉴于很多读者对拖沓冗长文章深感厌倦，为此本书在故事的内容上去粗取精、删除杂余，以呈现给读者最精彩、最精华部分。

如果你认为自己足够聪明，那么请翻开此书，你会发现这里云集了全世界最聪明的人；如果你认为自己的思维还有待加强，那么也请翻开此书，你会在这里挖掘出潜意识中隐匿的潜能。

想创造吗？想突破吗？想挑战吗？那么请翻阅本书！

目录 MULU

上篇　侦探游戏

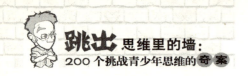

下篇　推理游戏

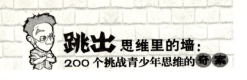

答　案

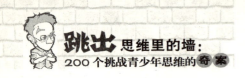

下篇　推理游戏

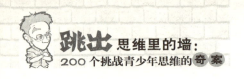

上篇

侦探游戏

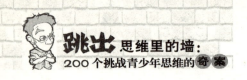

一封致命的遗嘱

侦破难度系数：★★★　　　破案时间：8mins

侦探现场

跨国公司总裁谢里尔是一位远近闻名的人物,在他名下拥有数千个公司以及巨额的存款。不过,令人遗憾的是谢里尔虽然事业成功,但是年老的他膝下却无儿无女。谢里尔眼看自己的年龄越来越大,在经过一番深思熟虑后,就决定在自己百岁后,将所有的财产全部留给两个侄儿阿成、西尔以及侄女丝塔。

就在这天上午,谢里尔叫来了自己的私人律师,他当着三个孩子的面,郑重拿笔签署了一份遗产继承文件。三个孩子见叔叔签完遗嘱,个个都显得异常兴奋。

可是,就在当天下午出了一件令人可怕的事情。当时律师正在谢里尔的书房内整理相关文件,突然听到一声惨叫,叫声是谢里尔发出的。这把一向老成持重的律师吓了一跳,于是他飞快地向楼下跑去。

律师在二楼很少有人走的后楼梯上面,迎面撞到了慌慌张张的阿成。阿成见律师冲向自己,就结结巴巴地说:"听声音好像是从一楼传来的。"

律师又快速地走下狭窄的楼梯,由于匆忙他的脸一不小心撞上了一张蜘蛛网。

他胡乱地用手捋了一下繁乱的蜘蛛网走进一楼的厨房内,到了门口他探身向里一瞧:厨房的地板很明显刚刚被擦拭过,异常洁净和光亮,不过餐具柜却十分的混乱。谢里尔躺在室内的地板上,胸部插着一把刀,律师凭着直觉,断定谢里尔已经死亡。

聪明的律师没有进入现场,他马上叫来保姆让她好好保护现场,同时自己拨通了报警电话。报案后,律师又透过厨房和后花园门上的窗户,向花园里看了看,他看到外面泥地上有一排通向厨房的脚印。

不久后,有两个警察赶到了这里,他们开始一一讯问在场的众人。

西尔对警察说:"我相信一定是有人从后门闯了进来,当时我一直都坐在主楼梯旁的前客厅里,并没看到任何人从客厅里走过!"

丝塔指了指自己鞋上的泥巴说:"当时,我一直都在厨房后面的花园里溜达,也没有看到任何人。"

阿成说:"我听到声音后立马从二楼下去,和律师迎面撞到了一起。"

律师听完他们的话后,马上说:"行了,都不用再说了,我已经知道凶手是谁了!"

在场的所有人都疑惑不解地望着他,律师看了看众人郑重地说:"凶手不是别人,就是西尔!"

请问,律师是如何断定出凶手是西尔的呢?

侦破提示:把他们几个人说的话好好梳理一遍即可。

礼物全部分完了

侦破难度系数:★★★★   破案时间:10mins

侦探现场

卡拉是一家跨国公司财务主管比奇的助手,这一天中午,卡拉像平常一样准时走进了十九楼的比奇办公室。可是,当他敲门无人应答直接推门而进时,看到了正吊在屋内房梁上的比奇。惊慌失措的他赶忙跑过去割绳子,可是已经太晚了比奇早已死亡。

心惊胆战的卡拉当即跑到秘书办公室,告诉秘书米莉小姐,说财务主管比奇死了。

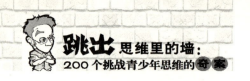

听完卡拉的话，米莉小姐立刻拿起电话，拨通了总经理富杰的座机：
"总经理，我是米莉，财务主管出事了，你能到十九楼来一下吗？"

米莉小姐放下电话，自言自语地说："还有两天就是圣诞节了，怎么会
出这样的事呢，这真是太可怕了！"

不一会儿，总经理富杰就赶到了比奇的办公室，他看到下属上吊自杀，
不禁悲由心生，赶紧让公司的其他员工清理现场，同时还让秘书米莉通知
比奇家人，并马上向警察局报了案。

出了这么大的事，总经理富杰当然要比其他员工更忙，这天他一刻未
停地忙到了下午 5 点。就在这时，米莉小姐提醒富杰道："总经理，楼上还有
一个聚会呢，是您先前早已安排好了的！"

富杰这时恍然大悟地说："呵呵，忙了一天差点把这茬儿给忘了。对对
对，在二十楼还有一个聚会呢！"

富杰拖着疲惫的身体来到了二十楼，当他推开自己私人会议室房门时，
房间里此刻已有一些员工等在那里了。该房间的角落里被安置着一棵圣诞
树，在这棵小树下还放着花花绿绿的各种礼物，这些礼物都是富杰预先弄
好放在这里的。今天因为出了事，所以屋子里的气氛比较沉闷。富杰看大
家郁郁寡欢就想缓和一下气氛，于是走到礼物前开始给大伙分发礼物。全
公司上下从秘书到副总经理，人人都得到了一份富杰精心准备的礼物。

这个短暂的聚会很快就结束了，众员工一个接着一个地走出了会议室。
走在最后的人是卡拉，他走到会议室门口时，似乎想起了什么似的狐疑地看
了一眼圣诞树下空空如也的地板，心中顿时疑窦丛生。猛然间，他明白了一
切——比奇的死亡绝不是自杀！

于是，他马上给警察打了电话，警察来后他把自己的判断说了出来。最
后，警察根据他的判断，抓到了嫌疑犯。经过一番审讯，该嫌疑犯最终承认
是自己杀了比奇。

请问，凶手是谁？卡拉又是如何知道的呢？

侦破提示：快刀斩乱麻，抛开其他杂事，把目光盯向那些礼物。

假扮工作人员

侦破难度系数：★★　　　破案时间：5mins

侦探现场

周末的时候，妈妈带着明明来到动物园游玩。明明缠着妈妈，一会儿要到天鹅湖看看白天鹅玩水；一会儿要去猴山逗着可爱的小猴子；一会儿又要到熊猫馆看看大熊猫吃竹笋，玩得非常高兴。

很快，天色降了下来，动物园马上就要关门了，可是明明还没有玩够。妈妈就对他说："今天时间不早了，妈妈也逛累了，我们改天再来吧！"

意犹未尽的明明还不想走，纠缠着妈妈："妈妈，你看那头小象多可爱呀，我要和它照个相，周一时带到学校让同学们看看！"妈妈拗不过明明，只好点头答应下来。

妈妈把随身的包包放在身后，蹲下来给明明拍照，只听"咔嚓"一声，明明的灿烂笑容就被收进了相机里。可是，就在这时，突然一个蒙面人不知从哪里蹿了出来，抢过妈妈身后的包包就跑。明明看到后，尖声地惊叫道："妈妈，你的包包被坏人抢去了，来人抓坏人呀，快来人抓坏人呀！"

妈妈和明明赶紧追了上去，可是这个蒙面人左转右转，一会儿就不见了踪迹。这时，妈妈看到有一个警卫走了过来，就立即向他报了案。这个警卫通过随身带着的对讲机，通知了动物园所有的进出口，进出口随即关闭不准出也不准进。随后，动物园又安排了大量警卫，众人分头进行彻底搜查。

这个时候动物园里只剩下几名游客，其余的都是动物园的工作人员，众警卫们忙忙碌碌地四处搜寻蒙面人。明明拽着妈妈的手，安静地跟在警卫叔叔后面一同搜查。

这时，明明看到一个正在熊猫馆里打扫卫生的清洁工人；接着又看到

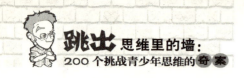

一名饲养员，正端着一盆牛肉投给犀牛吃；另外还看到一名驯兽员，正在训练一群猴子翻跟头。

明明马上拉住警卫，指着他们中的其中一个人，悄悄地说："叔叔，就是那个人抢了妈妈的包包，他就是坏蛋！"

警卫将信将疑地看了看明明，不过还是把那人给抓了起来，经过一番审问这个人果然就是抢包的那个蒙面人。警卫们纷纷跷起大拇指夸奖明明："你这个小朋友好聪明呀，真是个小福尔摩斯！"

那么，在这三个工作人员中，到底哪一个才是蒙面窃贼冒充的呢？各位读者，你们知道吗？

> 侦破提示：大家都去过动物园吧，仔细想想动物们的生活习性。

不翼而飞的钻石戒指

侦破难度系数：★★★　　　破案时间：5mins

侦 探 现 场

这天深夜，日本一家电视台节目主持人井下崎茜子回到公寓。劳累一天的她回到家后便开始洗澡，可是等她洗完澡后却发现放在卧室梳妆台上的钻石戒指竟然不翼而飞了。

警视厅侦探稻田村上接到她的报案后当即驱车赶来，仔细地检查房间的每一个角落，可是找了半天却始终没有找到罪犯留下来的诸如脚印和指纹之类的罪证。最后他走到卧室的梳妆台前，看了看放在上面的项链和耳坠，问井下崎茜子："小姐，您确定只丢了一枚戒指吗？"

井下崎茜子回答说："是的，警察先生，我只丢了一枚戒指，我也挺奇怪为什么小偷没有顺带偷走项链、耳坠。那枚被偷的戒指非常名贵，不仅戒圈是由24K纯金打造，而且戒面上的钻石更是一块很大的天然宝石，市场价约有一万多美元,它是我朋友向我求婚时送给我的。"

稻田村上听完后,眼睛忽然被台上的一根火柴吸引住了,他说:"小姐,这根火柴是不是你放在台上的?"

"不是!在我家里只有厨房内才有火柴。"井下崎茜子回答。

"哦,那么在你洗澡的时候,卧室里的窗户是打开着的还是关闭着的?"

"是打开的,可是这是第九楼呀,何况窗户上还有铁栏杆呢,贼怎么可能是从这里进来呢?"

稻田村上想了想,又问:"小姐,你知道在这附近有谁家养鸟吗?"

井下崎茜子用奇怪的目光看着稻田村上说:"知道啊,四楼的岛野家里养了一只鹦鹉,三楼的池城家里养了一只猫头鹰,而六楼的崎川家里则有几只信鸽……"

井下崎茜子的话还没有说完,稻田村上突然接过话说:"我知道谁是罪犯了,我们去三楼池城家讨回你的戒指吧!"

稻田村上带着井下崎茜子敲开了池城家的房门,稻田村上拿出证件对池城说:"你好,我是警视厅的侦探,名叫稻田村上,现在我想进你家里看一看。"说完后,他没等池城点头同意,就大踏步走进了房间。

之后,他果然在池城的写字台上找到了一枚闪闪发光的钻石戒指,而在戒指的旁边还蹲着一只精神焕发的猫头鹰。稻田村上拿起戒指问井下崎茜子:"小姐,这枚戒指是你的吗?"

井下崎茜子一看,高兴地说:"没错,这正是我的戒指。"说着便接过戒指,套在了自己的手指上。

稻田村上看了看池城,冷冷地说出了他的推断经过。池城听完后脸色变得异常苍白,浑身不住地抖动,他没有想到稻田村上的分析竟然完全符合事实,不由自主地将双手伸了出来……

各位读者,你们知道稻田村上是如何推理的吗?

侦破提示:井下崎茜子家的梳妆台上有一根火柴棍,而池城家里的写字台上除了有一枚戒指,还有……呵呵,知道答案了吧!

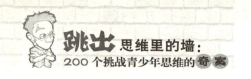
打枪游戏

侦破难度系数：★★★★　　　　破案时间：10mins

侦探现场

杰克经常和儿子玩"打枪"游戏。

每天杰克下班回家时，他的3岁小儿子就会在花园某处等他，看到他后便模仿各种小动物的叫声，手持玩具枪向他发射，而杰克这时也会手捂胸口，假装中枪倒地。

每次，这样的游戏都会引得小儿子哈哈大笑。就连到了晚上，杰克还常常陪着儿子这样玩。这一天，杰克带着一个和他经营同样生意的人来家做客，他们虽然存在竞争关系，但是大家却没有敌意。

杰克和这位客人快走到花园门口时，杰克特意地提醒客人，说等会见到他的小儿子时，要扮小动物的叫声，因为这样一来，就是他小儿子一天里最开心的时刻了，客人笑着点头同意。

他们推门进入五颜六色的花园里时，杰克的小儿子果真"持枪"在等候着他们，可是就在客人扮小狗小猫的叫声时，小儿子扣动了手里的枪——悲剧发生了。

只听"砰"的一声，客人痛苦地捂着胸口倒在了地上，原来从枪里射出来的竟然是颗真子弹，不过小儿子还以为这是个游戏，高兴地欢呼了起来。

之后经过法庭审判，认为杰克的小儿子是误拿了父亲用以自卫的手枪玩耍，他因为年少无知，所以才导致了悲剧发生，故而不予治罪。

那么，杰克在这起案子里到底扮演了什么样角色？该案是误杀，还是有意杀人？

> **侦破提示**：杰克教小儿子玩"打枪"游戏的动机，以及杰克要客人扮演小动物叫声的行为。

谁是真正的贼

侦破难度系数：★★★★　　　破案时间：10mins

侦探现场

前秦时期，冀州刺史苻融在一天傍晚，刚刚批阅完一堆文件后，突然州府门外人声鼎沸、一片喧哗。

不一会儿，有几个衙役领头带进来了一帮人。为首的一名衙役向苻融报告："启禀大人，刚才有个老婆婆在路上行走时不料遭贼所劫，等贼跑后这位老婆婆才开始大叫捉贼，这时有一过路的人听到后就追了上去，最终把那个贼给抓住了。可是，现在那个贼死活就是不承认自己是贼，还说追他的那个过路人才是贼。当时，由于天色已晚再加上老婆婆的眼神又不好，所以她也分不清到底谁是好人谁是坏人。后来，围观的众人见分不清他们俩谁是贼，于是就把他们两个人送到衙门，想请大人替他们定夺。"

刺史苻融听完衙役的介绍后，看了看堂下一帮人，问道："你们谁是过路人呢？"

他的话音刚落，就有一个身穿蓝色衣褂的人向前站一步，抱拳回答说："大人，我是！"

苻融看了看他，问道："你说你是，那么我来问你，你追的那个人是谁呀？"

"他！"这个人用手指着身旁一个穿对襟黑色小褂的人，接着又说，"大人，就是他，他就是抢老婆婆的那个贼！"

这时，被指的人赶忙说："大人，我冤枉呀，他才是那个贼啊！"

苻融看了看他们，问："既然你们都说对方是贼，那么现在为了检验你俩谁说

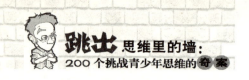
的是真话,你们立刻从府衙门口一起向凤阳门跑去,看看你们谁可以跑第一。"

众人不知符融何意,这两个人看了看符融也是一头雾水,可是既然刺史已经下了命令,那么跑呗!于是两个人便来到门口,使劲地向凤阳门跑去。

没多久,这两个人就跑到了凤阳门,之后又被两个衙役带了回来。他们到了大堂后,一名衙役奏道:"大人,最后跑到凤阳门的人是这位穿着对襟黑色小褂的人。"

符融听后,把惊堂木拍得"啪"的一声响,喝道:"左右,这个穿黑色小褂的人就是真正的贼,立即给我拿下!"

穿黑色小褂的人战战兢兢地跪了下来,哆哆嗦嗦地说道:"大……大人!为什么跑得慢就一定是贼?"

符融冷笑一下,说出一番话后,这个人便老老实实地招认了罪行。

各位,你们知道符融说了句什么话吗?

> **侦破提示**:好人是在贼的后面追他,呵呵,明白了吧。

大柜里的秘密

侦破难度系数:★★★★　　　破案时间:11mins

侦探现场

明末时期,有一个瓷器商贩宋明来到一家小店投宿。当时客栈已没有了空余房间,店主说现在只有通铺房还有床位,问可不可以将就一下。

事已至此,总不能睡在外面吧,疲惫不堪的宋明只得无奈地点头同意,之后店主将他领进了一间通铺房。宋明进入房间后,看见通铺炕上此时已经睡了两个人,炕头还堆放着五六匹布。宋明心想,这两个人一定是布商。

店主将他带进房间后便转身离开,宋明在店主走后也脱鞋上炕,忙了一天的他刚沾枕头就进入了梦乡。也不知过了多久，睡得正香的宋明被人给拽了起来，他睁开迷糊的双眼发现拉自己的是一个黑脸醉汉。

"快起来，别睡了，我要买酒!"这个满嘴酒气的人冲宋明嚷道。

宋明扭头看了看还在睡觉的两个布贩，心里便明白这个黑脸客人是在自己睡着后才进来的，他见此人喝醉了酒，于是就没好气地说了句："深更半夜的，已经打烊了，不卖!"

"你说什么?不卖?你找死!"黑脸醉汉摇摇晃晃地操起了一根扁担。

就在这紧急时刻，有一个似乎是醉汉朋友的人跑了进来，他将黑脸醉汉抱住后，劝道："兄弟，你看你，一喝酒就发酒疯。"接着又转过脸对宋明说道："尊兄，我这位兄弟性子暴，还望多包涵。不过——我看您最好还是换个房间。"

宋明看了看这个刚跑进来的人，又看了看那个还在骂骂咧咧的黑脸醉汉，心想：说得也是，我跟醉汉能争出个什么。这时店主也闻声赶了过来，他把宋明又重新安排在了另一个房间。

就在宋明收拾行李离开这个房间时，这个醉汉和他的同伴指挥着4个人抬进了一口大黑柜，他们对店主说："店家，今晚我们弟兄6个人都住这屋。"

宋明换了个房间后，越想越不得劲，躺在炕上辗转难眠。迷迷糊糊的宋明也不知过了多久，隔壁那间房突然传来醉汉的声音："那两个人做了吗?"有人低声回答："已经没呼吸了……"

听到这里，宋明心里一惊：这几个人原来是个强盗?接着又转念一想，他们6个人再加上布商2个人，共有8个人。现在已被杀死了2个人，明天早上如果查点人数，那么肯定会发现少了2个人，这样就可以把他们当场抓个现行。想到这儿，宋明悄悄地找到店主，店主听他这么一说后，连忙叫起店里的十几名伙计，暗藏利器等待天明的到来。

东方刚刚露出鱼肚白，醉汉6人就吵吵嚷嚷地抬着大柜走出房门，在他们身后还有2个布商紧紧相随。宋明见此，顿时傻眼了，这时只听那个醉汉喊了声："店家算账!"

这时宋明把目光紧紧地盯在那口大黑柜上，忽然他的眼睛一亮，嘴里大喊一声："拿下这些强盗!"众伙计立即抄起利器冲了出来，将黑脸醉汉等

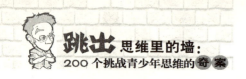

6 名强盗当场活捉,最后宋明指出了他们行凶的罪证,这些强盗不得不供认那 2 名布商已经被自己杀死了。

各位,你们知道宋明是怎么识破他们的吗?

> 侦破提示:破案关键在那口大黑柜上。

"大合照"时的枪声

侦破难度系数:★★★　　　破案时间:5mins

侦探现场

在鸟语花香的春季,有一对新人正在教堂举办盛大的婚礼。

这时,负责拍照的摄影师让参加婚礼的所有人拍张大合照。不过,在与会嘉宾中,却独独少了新郎的兄长和叔父。三十多个与会嘉宾笑着排好队形,新郎和新娘站在众人中间。

摄影师向大家挥了挥手,示意马上拍摄,只见镁光灯一闪,"砰"的一声,新郎手捂胸口倒在了地上,胸前不断向外流着血液。

在场的所有人都惊呆了,新郎显然是中了冷枪,很快他便停止了呼吸。

就在众人慌乱时,有两个胆大的男人走上前细心察看,新郎是正面中枪,而婚礼场地的四周并没有建筑物,所以排除有其他人潜藏起来的可能。

那么,这个诡异的凶手究竟是谁呢?(注意:没有出席的新郎兄长和叔父,两人始终都没有出现过。)

> 侦破提示:把破案重心放在新郎正面中枪的疑点上。

被抢的夜总会

侦破难度系数：★★★★　　破案时间：13mins

侦探现场

在烈日当空的一天，有一个夜总会侍者在上班时，突然听到顶楼传来了一阵呼叫声。

于是他赶紧跑到顶楼，到了顶楼后他才发现，夜总会管理员的腰部被人绑了一根绳子，整个人被吊在高高的顶梁上。

这时管理员看到跑进来的侍者，就大喊道："你赶快把我放下来，我们被抢了马上向警局报案！"

这名侍者照做后，没多久警察便赶到了这里，之后管理员就将夜总会被抢的经过说了一遍："昨天晚上夜总会停止营业后，就从外面冲进来两个强盗，他们把当日营业的钱全都抢走了。后来他们将我带到顶楼，用绳子将我捆住后吊在了顶梁上。"

调查事件的警察对管理员所说的话深信不疑，因为顶楼上空无一人，并且也没有什么垫脚之物，所以他是无法将自己吊在那么高的梁上的。他们还在门外发现了一架梯子，这大概是盗贼们作案时用过的。

可是，没过多久管理员的所作所为就被细心的警长识破了，警长以盗窃罪将他给抓了起来。

各位读者，管理员在没有其他帮助的情况下，是如何将自己吊在房顶的梁上的呢？

侦破提示：多多注意一下门口的那架梯子。

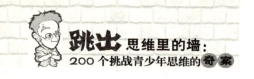

凋谢的花瓣

侦破难度系数：★★★★   破案时间：12mins

侦探现场

　　伊夫力在繁华的闹市区开了一家花店，因为信誉良好所以很多人都愿意来他这里买花。在众多的顾客里，有一个老顾客每个星期都会来买 13 朵粉红玫瑰，并且到今年为止已经有 8 个年头，其间从未中断过。

　　可是，近日让伊夫力感到疑惑的是，这位老顾客已经有两周没有出现了，担心不已的伊夫力就给警局打了一个电话。

　　不久，接到报警的加布力尔警长就带着助手格罗佛赶到了那位老顾客的家里，可是却发现老顾客公寓的门窗都被反锁。两人敲了半天门见里面没有一点回音后，就费力地将门锁弄开，他们进入房间后发现伊夫力的老顾客已经身中数弹死亡了。根据现场的情形，加布力尔警长发现死者似乎是自杀，因为其是躺在床上，并且手枪也放在一边，因此他们初步判断死者是先将门窗关好后，然后坐在床上开枪自杀。最后，法医验尸的结论是死者已经死亡了 8 天。

　　加布力尔警长查看完现场，问助手格罗佛："死者买的那些玫瑰花呢？"

　　格罗佛回答："哦，那些玫瑰花还在窗台的花瓶里放着，可是所有的花已经枯萎凋谢了，现在只剩下了花枝。"

　　加布力尔警长又环顾一下四周，问："你在窗台和地板上有发现血迹吗？"

　　格罗佛摇了摇头说："没有，那里只有一点灰尘，我只是在床上看到了血迹。"

　　最后，加布力尔警长严肃地对格罗佛说："这绝对不是自杀案！这是一起谋杀案，凶手是在窗台边杀死被害人后，接着迅速清扫现场，然后再将尸体转移到床上,误导我们以为死者是自杀而死。"

各位读者,你们知道加布力尔警长是根据什么做出这样的判断吗?

侦破提示:破案的重点就在枯萎的花朵上。

理发师破案

侦破难度系数:★★★　　破案时间:6mins

侦探现场

李雷和朋友在餐厅里吃午饭时,发觉坐在邻桌的一个中年人很是面熟。突然他想了起来,原来这个中年人正是一桩特大谋杀案的通缉犯。李雷便暗中报了警,警察迅速赶了过来,立即将这个中年人逮捕了起来。

不过这个中年人却指着警察手中的那张通缉犯照片说:"警官先生,请您看清楚相片中的这个通缉犯,他的头型是侧分界的,并且满脸都是胡子。而我头发不但向后梳,脸也非常干净,况且又戴着一副近视眼镜,无论如何也不可能是我啊!"

这时有位警官盯着他看了看,说道:"这样吧,既然你说相片中的人不是你,那么你可否接受我们的测试?"

中年人冷笑一下,坚定地说了声:"可以,只要能证明我的清白,那么我愿意接受你们的任何测试!"

警官在经过上级允许后,即刻请来了理发师,对这个中年人进行一番测试。短短数分钟后,这个中年人便哑口无言,他的诡计被当场揭穿了!

那么,这个测试到底是什么样的呢?

侦破提示:仔细想想通缉犯的侧分界头型。

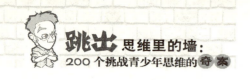
神奇的马

侦破难度系数：★★★★　　　破案时间：10mins

侦探现场

　　一支商队在穿越丝绸之路时，每个人身上都带了一袋金子。这一天，他们在穿过一片森林时，有一个商人突然大声地叫了起来："不好啦，不好啦，有人将我的一袋金子给偷走啦！"

　　这时，同行的几个人都转过身来看着他，纷纷摇头表示自己没有拿。就在丢金的人手足无措不知如何是好时，恰巧一位老人骑着一匹白马走了过来，于是这个丢金的商人就请求老人帮他找回丢失的金子。

　　这个老人想了一下，便大声说道："我的这匹白马是个神马，它有许多神奇的本领，它会帮你找出偷金的贼人。只要偷金的人拉一下它的尾巴，那么它就会叫喊。"说完，老人就把马牵进了帐篷。

　　之后和丢金商人同行的几个人分别走进帐篷去拉马尾巴，不过马都没有叫喊。最后，老人看了看这些走出帐篷的人，分别嗅了嗅他们的手。

　　当他闻到第5个人手时，就凑近他的耳边，说了句："你还是自己认了吧！"

　　这个人听后，马上跪了下来说道："请您饶恕我吧！是我偷了他的金子，金子就藏在一棵大树边的洞里。"

　　各位读者，你们知道老人是如何做出这个判断的吗？

　　侦破提示：仔细想一下，老人为什么要让他们进入帐篷，还有为什么要闻每个人的手？

衣柜里的"凶器"

侦破难度系数：★★★　　　破案时间：7mins

侦探现场

　　盖尔是一位非常有钱的富商，一天，他的夫人被发现死在家中的后花园里，其头部太阳穴位置处，被一颗子弹击中。

　　命案现场是后花园里的一座石桥，可是在石桥附近并没有发现凶器，和其他打斗痕迹。死者的右手握有一张纸，上面的内容很短：今晚9点30分，在石桥会面。在内容最后还附有盖尔秘书的签名。

　　于是警方凭借此条线索，调查出盖尔与秘书有着一段婚外情，且这段婚外情还被盖尔夫人发现了。当时盖尔夫人非常生气，就跑去质问盖尔的秘书，盖尔知道后，十分恼怒地斥责了妻子一顿，并扬言要与她离婚。

　　警方赶到盖尔秘书的家里进行搜查，他们在衣柜中发现了一支与凶案现场子弹相吻合的手枪，于是就把这个秘书逮捕了起来。

　　第二天，警方到案发现场再次进行深入调查，他们在残旧的石桥上发现了一块新的缺口，这个缺口一看就是被硬物撞击造成的。桥下是深不见底的水潭，潭中养有许多锦鲤和乌龟。被逮捕的秘书承认以前曾写过信给盖尔夫人，并且也与她见过面，但是否认是自己杀死了她。后来，警方仔细地检查了现场，最终接受了她的供词，把她给释放了。

　　各位读者，你们知道盖尔夫人是怎么死的吗？

侦破提示：仔细分析一下石桥上为什么会有缺口。

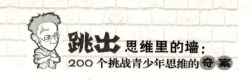
兄弟打官司

侦破难度系数：★★★★★　　　破案时间：15mins

侦探现场

　　清朝中叶，中原陈家庄住着兄弟两人，哥哥名叫陈辉，弟弟名叫陈伟。兄弟俩以租种地主几亩薄田勉强度日。

　　一年，当地遇到旱灾，田地里颗粒无收。在生活没有着落的情况下，哥哥陈辉就东借西借凑了一些本钱，来到京城一带做起了小生意。

　　冥冥中似乎有老天保佑，陈辉的运气特别好，没过几年，他就赚了许多钱。每次赚了一些钱后，陈辉就把这些血汗钱寄回家，买地造房添置家产，并供养弟弟陈伟结婚生子。

　　许多年过去了，陈辉已是一把年纪的人，他不打算继续在外面漂了，于是就回家安度晚年。谁料想，陈辉刚走到家门口，他的弟弟陈伟竟然翻脸不认人，让家人把他赶了出去。

　　陈辉气得眼珠差点没瞪出来。他原本想去县府告状，可是田园契约都在陈伟的手里，打官司自己肯定要吃亏；可是不告吧，这么多年来，明明是自己长年辛苦在外面东奔西跑，省吃俭用攒下的这笔家产，如今不明不白地被弟弟霸占了去，怎么想都不甘心。

　　最后，陈辉还是抑制不住内心不平，跑去找县令何文。

　　县令何文见陈辉一把鼻涕一把泪地哭诉，于是下令将陈伟带到衙门。陈伟刚一上大堂就立即咬定说："家里的全部财产都是我一手置办，如果大人不信，那么有契约字据可以为我作证。"说完，他从口袋里掏出了一大把字据。

　　县令看了看老实巴交的陈辉，见他不像是存心诬告，再看了看有凭有据的陈伟,道理似乎也很充足。一时也不知如何定案,只好吩咐暂且退堂。

何文把自己锁在屋内想了几天,突然他想出了一个办法,结果很快就把这个案件给断了。

各位读者,你们知道何文想出的办法是什么吗?

> **侦破提示:**假如他们家添置的那些物品都是哥哥非法所得,那么……

夜半惊魂

侦破难度系数:★★★★★　　　破案时间:13mins

侦探现场

明朝末年,在北京城里有一户人家,丈夫长年在外做生意,妻子则留在家里纺织绣花,养育年幼的儿子和服侍年老的婆婆。

这个媳妇对婆婆非常孝顺, 以至婆婆逢人就说:"我真是有福气啊,儿子能娶到这么一个好媳妇。"

商人还有一个妹妹,不过人又懒又馋,心眼还特别的坏。她看到母亲如此喜欢嫂嫂,心中便充满忌妒,于是她就想法子,准备趁哥哥不在家的时候诬害嫂子。

这一天晚上,小姑子又来到了娘家,她看见嫂嫂在忙着照顾母亲,炉灶上似乎还煮着什么东西。她悄悄地走了过去,揭开锅盖一看,发现里面煮的是红枣莲心汤,心想:"煮了这么好吃的东西,也不叫我一声,我让你吃,我让你吃下去没命!"于是她就偷偷地跑回屋内,拿出一包老鼠药后,倒进了锅里。

这锅红枣莲心汤,是媳妇煮给母亲喝的。母亲喝完后当即口吐鲜血,从床上滚到地上顿时没有生息。这下小姑子一看自己闯了大祸,就一口咬定是嫂子下毒害死了母亲,自己连夜跑去报告县官,让县官把嫂子抓起来。

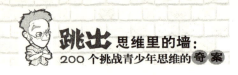
这个县官并非昏官,他审问嫂嫂:"听说平日婆婆待你不薄,你如何还要毒死婆婆?"嫂嫂听到县官这样说,就伤心地大喊冤枉,而小姑子立在一旁也编造了许多假话,说嫂嫂早就存心想害死母亲了,并要求县官判她死刑,为母亲报仇。

县官看了看悲痛的嫂嫂,又看了看冷笑的小姑子,便说:"今天已经非常晚了,本官现在也累了,你们暂且先到附近的小庙里睡一晚,等到明天早上再审吧。"之后,他又叫来几个差役,小声地交代了几句。

她们所住的那个小庙异常阴森恐怖,姑嫂俩也没有别的地方可睡,只能硬着头皮在此睡了一夜。第二天一大早,县官还没有起床,几名差役就赶来告诉他:"那个小姑子自己招供了,说是她想害死嫂嫂,可是没想到却把母亲给毒死了!"

各位读者,你们知道县官想了一条什么妙计,才让小姑子自己招认的吗?

侦破提示:鬼来啦!鬼来啦!呵呵,就提示这点了。

劫机事件

侦破难度系数:★★　　破案时间:10mins

侦探现场

在美国旧金山市飞往纽约的一架飞机上,飞机起飞后不久,有一位中年男性乘客,突然慌里慌张地从洗手间走了出来,并大声地对空乘小姐叫道:"哎呀!不得了了,刚刚我去洗手间时,发现镜上贴着一张纸条,纸条上写着我们的飞机内已被放置了炸弹!"

他这么一喊,立即打破了整个机舱的沉闷,乘客们先是面露绝望的神色,然后纷纷嘶声力竭地大声叫喊。空乘小姐马上快步走入洗手间,果然在镜上发现了一张纸条,纸条上面写着:飞机目前已被我放置了炸弹,现在你们必须听从我的指示,立即把飞行航道改往飞向迈阿密,否则的话,炸弹将在 15 分钟后(9 时 20 分)爆炸。

空乘小姐看了一下手表,离爆炸只有 10 分钟的时间,于是立即向机长和机场控制塔报告。之后,机场控制塔为了乘客安全,命令机长按照匪徒的要求,把飞机的航道改飞迈阿密。

当这架飞机停在迈阿密机场后,应急特警人员立即登上飞机进行搜查,可是他们最终也没有找到炸弹,这一切只是虚惊一场。

各位读者,你们知道疑犯是谁吗?

侦破提示:注意那个第一发现人。

谁偷了同学的物品

侦破难度系数:★★★　　　破案时间:9mins

侦探现场

新学期开学了,同学们因为很久都没有见面,所以一见面便兴奋地聊起天来,他们的主要话题是大家都在假期里买了什么好东西。

玛拉兴奋地说:"我在暑期里买了一款最新的手机,这可是限量版的哦,在全美国只有三十部哦!"

杰恩白了他一眼,有些不服气地说:"这有什么,我买的这只高级多功能手表,这可是该款型号中的最后一个!"

佳丽听到后,凑过来插嘴说道:"你们都别得意了,你们那些东西迟早都会被淘汰的。你们看我脖子上的纯金项链,这才是可以永远保存的最有

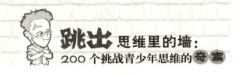
价值的物品！"

而在他们旁边，有一位准备要去学校教务处办理转学手续的同学查理斯，听了他们的谈话好生羡慕。而在他们的另一边，还有一位每天都会来学校散步、拄着拐杖的老爷爷，恰巧经过这里也听到了他们的对话。

这个时候，上课铃声突然响了，大家各自都回到了自己的座位上，教室外边空无一人。班主任妮可兰进来点完名，确定大家都坐在自己位子上后，于是就和同学们开始聊起天来。可是，佳丽、杰恩、玛拉这三个人，似乎意犹未尽地又把刚刚所说的那些东西拿出来向同学们炫耀。

就在这时，班主任妮可兰要带他们去上体育课，大家就把自己的书包留在教室里，那些贵重的物品没有带走。可是当大伙儿到了操场后，妮可兰突然想起自己的钥匙落在了教室里，于是赶忙跑回教室去拿。没过多久，妮可兰慌慌张张地跑回来说："刚刚我看到一个人影从教室旁的围墙跳了出去，当时我觉得有些不对劲，于是就冲上去追他，结果还是被他给溜掉了。而在教室里还有被人翻动过的迹象，现在请同学们各自回去检查一下。"

之后，大家都回到了教室，他们发现第一排到第六排的书包都掉在了地上！同学们检查完毕后，发现第一排到第六排的大多数同学的钱包或是饰品之类的物品都没有被偷，而同样坐在前六排的玛拉的手机和杰恩的多功能手表却不翼而飞了。

大家感到非常气愤，不过有心人却说，这个小偷就是冲着他们炫耀的那三件东西而来的。这时，佳丽却松了一口气，说："真的好险，我坐在第七排第一位，幸好小偷还来不及光顾我的座位，要不然我可能也是被偷的其中之一了！"

各位读者，你们能根据以上线索，找出真正的小偷吗？

侦破提示:剥茧抽丝地层层推断，相信一定可以找出真正的小偷。

果汁杯底下的一张纸条

侦破难度系数：★★★　　　破案时间：8mins

侦探现场

美国一家州立大学的学生宿舍内，发生了一起入室抢劫案，有一个蒙面歹徒拿枪闯进了宿舍，抢走了很多学生的钱包。

抢劫案发生的时候，约翰碰巧从外面回来，刚走到门口就听到宿舍内有陌生人的声音，于是赶紧躲到一旁。正在这个时候，罪犯从宿舍内冲了出来，因为过于慌张，他在楼梯上一脚踏空，险些摔了一跤，不过蒙在脸上的黑布却掉了下来。

罪犯走后，约翰才从楼梯边的暗角落里走了出来——他看到了罪犯的脸。不一会儿，警察就赶了过来，在经过一番调查了解后，始终没能查出半点有价值的线索。

在这所大学旁边有一家小咖啡馆，它每天都要开到很晚才关门。这一天，约翰闲来无事又来到了咖啡馆，在要了一杯热咖啡后，就坐下来慢慢喝着。就在这个时候，他忽然看到坐在靠门位置的一个剃平头的男子，也正在喝咖啡。

约翰觉得此人很是熟悉，可是一时又想不起来。他慢慢地饮着咖啡，心头突然猛地一震：是他！就是他，他就是那个抢劫犯！约翰想去报警，可是又怕罪犯跑了。自己上去抓吧，这个罪犯身强体壮，动起手来肯定不是他的对手，这可怎么办呢？

就在约翰火急火燎的时候，店里走进了一名警察，他看到平头男子旁边的座位还空着，于是就坐了下来，对服务员说了句："请给我一杯果汁！"此时的约翰想喊警察，但是又怕罪犯听见后逃跑。他想了想后，就站起身走向服务台，轻声地对服务员耳语了几句。

只一会儿,服务员就给警察端上了一杯果汁,然后微笑着说:"警察先生,请您慢用!"

这名警察端起杯子喝了起来,在快要喝完的时候,突然把杯子一放,一把扭住平头男子的胳膊,大声说道:"你这个抢劫犯,我看这次你往哪里跑!"

请问,约翰对服务员说了些什么才使警察知道平头男子就是抢劫犯呢?

侦破提示:关键点就在那杯果汁上。

被抢的豆子

侦破难度系数:★★★★　　　破案时间:12mins

侦 探 现 场

平原县有位县令名叫陈昌,这一天,有个贩小麦的商人,把县衙门前的鸣冤鼓敲得震天响。

陈昌命人将他带到大堂上,这个商人告状说,夜里在路过一个村子的寺庙时,被一伙人打劫了,当时由于天色太晚,没有看清那帮盗贼是什么模样,一共有多少人。

陈昌听完商人的述情后,并没有马上派人前去抓盗贼。他想假如官府浩浩荡荡派人去抓盗贼,由于没有确凿的证据,不仅难以抓住盗贼,那么还容易打草惊蛇。就算抓到了强盗,也找到了麦子,可是这种麦子是一种非常普通的粮食,家家户户都有,强盗若抵赖说这不是赃物也很难验证。

县令陈昌想了想后,就让这名商人先回家等消息,告诉他此事不能操之过急。

又过了几天,有一个贩豆子的商人晚上路过那个寺庙时,又遭到了抢劫。县令陈昌听到报案后,就命一个差役化了装,到寺庙去买豆子。差役说想看看豆子的好坏,于是卖豆子的人就把所有装豆子的袋子都打了开来。

差役认真地一袋袋检查,挑了好久后,才挑到几袋满意的豆子。过后这名差役回到县衙带着众多衙役逮捕了这个卖豆子的人,并将他押解回县衙。

县令陈昌坐在堂上厉声责问这人,起初这人还百般抵赖,最后陈昌拿出了确凿的证据,他才不得不交代全部罪行。从这以后,当地的盗贼们躲的躲、逃的逃,再也不敢在当地作案了。

各位读者,你们知道陈昌是用什么方法查明这伙盗贼的吗?

侦破提示: 破案的关键点在贩豆子的商人身上。

古堡幽灵

侦破难度系数:★★★　　　破案时间:10mins

侦 探 现 场

有一座废弃多年的古堡位于荒郊野外,据说里面常有幽灵出没。

这所古堡的主人,原本是一个非常富有的商人,可惜他在数年前因病去逝,之后他的家人也移居到了外地。当地很多人都说这位富商在临终前,曾经把巨额的珠宝藏在了古堡内,至于藏在了什么地方,那就无人知晓了。不过富商家人在没有搬走时,因为特别喜欢镜子,就在古堡的房间里面安放了很多面大镜子,可以说这也是这座古堡的特色。

不过就在最近,富商移居在外的后人突然决定把古堡卖掉。他们就请了装修工人,准备把这座古堡重新修葺一番。然而,奇怪的事情发生了……

有一天晚上,正当工人们埋头加班工作时,一个浑身是火,身高约有三尺的幽灵,突然手持大刀,向着正在工作的工人冲了过来。这些工人吓得面如土色,立即丢掉工具,连滚带爬地惊慌逃命而去。

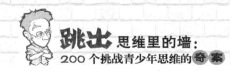

工人报案后，神探摩吉和大批警察赶到了现场。摩吉凭借以往侦案经验，知道幽灵在看到电筒光线后就不会再出现，于是故意空手入屋。当他进入一片漆黑的客厅时，突然一阵凄惨的叫声传来，随即他看到一个被蓝白火焰包围着的幽灵，手持大刀跳跃出现。可是，正当摩吉向幽灵冲去时，这个骇人的幽灵突然消失不见了。黑暗里摩吉的头似乎被什么物体打了一下，紧接着他又隐约地听到有东西轻轻移动的声音。

尾随摩吉身后的一名探员，马上举起手里的枪，然而他又被幽灵用鲜血从头浇到了脚。随即这名探员开了枪，枪响后他们隐约看到幽灵举起手，在空气中写了一个大大的"死"字，并将它点燃，这个时候客厅里再度充满光亮。

众警员被骇人的情景吓得都退了出去，虽然摩吉也跟着出了门，但是他仍然心有不甘。次日晚上，摩吉又来到现场，摸起一块石头后，赤着脚悄悄地潜进客厅。不一会儿，幽灵再次出现，摩吉狠命地将手里的石头砸向墙角。只听"哗"的一声……摩吉终于看到一个陌生男子，身穿宽大外衣，手拿尖刀，号叫着奔出室外，这时摩吉明白了一切。

亲爱的读者，这一切究竟是怎么一回事？那个陌生的男子到底是谁呢？

> **侦破提示**：破案的关键点在古堡原主人富商的后代以及房间内的镜子上。

找不到凶器的谜案

侦破难度系数：★★★　　　破案时间：8mins

侦探现场

一天，在某个著名的滑雪场，有一架登山升降车正在缓缓地向山上移动。

就在这时，一人坐在升降车里的一位女游客突然发出了一声尖叫，从登山升降车上掉了下去。

之后，赶来的警察查验死者身上的伤，他们发现女游客是先被尖利的器物刺进胸部后，然后再摔入山谷而死的。可是问题来了，警方在现场始终都没有找到任何凶器。

后来警方根据了解，当时女游客乘坐的升降车前后并没有坐其他人，只是在靠近升降车较前位置上坐着一位中年男子。但是这位中年男子所坐的位置离女游客有近十米远，他怎么可能将女游客杀死呢？

各位读者，你们知道为什么吗？

侦破提示: 仔细想想在滑雪场上有什么可以利用的凶器。

如此巧合的两辆车

侦破难度系数:★★★★　　　　破案时间:9mins

侦探现场

有一天，两名武装歹徒冲进了一家银行，在抢到一大笔钱后，立即乘坐一辆名牌车逃跑。

在他们逃跑时，有个银行职员记下了车子的车牌号。大约一刻钟后，雷尔警长就带着众多警员赶到了现场。就在他们探讨案情时，突然银行职员所记下的那辆名牌车出现了。

这时，警官撒苏吃惊地叫了起来:"这不可能，车子的牌号、颜色、车号都对，怎么会有这么巧的事。"

于是警员们迅速地将这辆车拦了下来，开车的是一位年轻的男子，他叫马尔。雷尔警长对马尔进行了一番审问，虽然他怀疑这个马尔跟这起银行

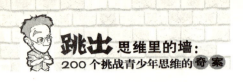

抢劫案有关，但是由于马尔有着充足的不在现场证据，无奈之下只得将他放了。

事后银行方面查明，歹徒从银行一共抢走了 100 万美元的新钞票。

这件事刚过没几天，又发生了一起银行抢劫案。在案发后不久，马尔因为违章行驶被警察罚了 10 美元。可是就在两天后，警方突然将他逮捕了起来，理由是他与银行抢劫案有着重大的关系。

"你们一定搞错了，这不可能！"马尔咆哮着说，"案发时，我有充足的不在现场证据！"

雷尔警长冷冷地看着他，说道："虽然你有不在场的证据，但是你是主谋。你预先找了两个朋友，弄到了一辆和抢劫时完全相同的车。你们在每次抢劫银行时，为了将警方的注意力转移到自己身上，从而可以让同伙趁机跑了，于是就开着相同的车来到现场转悠。尽管这一切做得天衣无缝，但是你却犯了一个小小的错误，从而露出了马脚！"

各位读者，你们知道马尔露出的马脚是在何处吗？

侦破提示：把注意力集中到马尔的那次违章驾驶上。

谁拿了笔记本电脑

侦破难度系数：★★　　　破案时间：7mins

侦探现场

梅兰和爱丽约了三个男同学——杰克、约翰和乔斯，结伴一起去山上玩。不巧，这天却下起了丝丝小雨，这使他们原本打算在野外住帐篷的计划泡汤了。

于是，他们在吃过晚饭后，只能住进一家当地小旅馆，当时是 20 点 30

分。旅馆服务员说今晚只剩4间客房——三间单间,一间双人间,这些房间都是紧邻着的。

几个人商量了一下,最终定下两个女孩住双人间,三个男孩每人住一个单间。旅馆的服务员又告诉他们,根据这里的规定,在晚上9点以后所有的客房必须灭灯,所以让他们动作快一些。梅兰快速地梳洗后,就拿出一本她最喜爱看的书,以及一台笔记本电脑。

21点整,旅馆准时熄了灯,梅兰把书放在笔记本上,就甜甜地进入了梦乡。第二天清晨,梅兰醒来后发现笔记本不翼而飞了!于是她冲到爱丽床边,使劲地摇晃她的手,想将她喊起来。

可是,让她大吃一惊的是,爱丽的手上居然沾有血迹!这时,爱丽醒了过来,她告诉梅兰,昨天晚上杰克用裁纸刀不小心把她划伤了。就在这个时候,门外传来一阵敲门声,三个男孩走了进来。

梅兰看了看他们,就说自己的笔记本电脑丢了。三个人面面相觑,杰克说应该马上告诉旅馆的老板,约翰说应当立即报警,然而乔斯想了一下,说了句:"你们俩有谁看过《侦探的猫》这本最新小说吗?刚刚杰克跟我讲的这个故事非常不错。"

"呵呵,没错,这个故事写得很好。昨晚,我花了一个晚上才把它读完。"杰克笑着说。

这时,梅兰突然喊了一声:"嘿嘿,我知道是谁拿了我的笔记本电脑了!你快把它还给我吧!"

各位读者,你们知道是谁拿了梅兰的笔记本电脑吗?

侦破提示:从他们的对话中寻找答案。

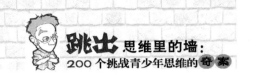
失明的钢琴家

侦破难度系数：★★★　　　破案时间：6mins

侦探现场

　　贝尔是一个双目失明的钢琴家，他住在一幢大厦内。初秋的一天晚上，天气开始转凉，贝尔穿了一件外套摸索着走进客厅。

　　他坐在钢琴旁，正打算练琴时，忽然二楼的一间房子里传出一阵响动。贝尔心想可能有贼潜入了房子，于是就从抽屉里拿出了一把手枪。

　　之后，贝尔蹑手蹑脚地走上二楼，当时周围漆黑一片，不过对于贝尔而言，这根本没有影响。这时四周沉寂，空气仿佛都已凝固，贝尔的枪响了，紧跟着就是一声惨叫，和一个重物"扑通"的倒地声。最后警方闻讯赶来，他们在巨钟旁边，发现一个身穿黑衣的陌生男子正发出"哼哼"的痛苦呻吟声。此人腹部中枪，身体奄奄一息地躺在巨钟下，最后警方从他的身上搜出了大量的现钞以及许多贵重的器物。

　　警员们对贝尔的枪法感到十分奇怪，都怀疑他是不是假装成瞎子的。

　　就在这时，巨钟"当当"地发出了报时声，有一个警员恍然大悟，大声地说："哦！我知道贝尔先生为什么有这么好的枪法了……"

　　亲爱的各位读者，你们知道贝尔先生为什么会有如此出神的枪法吗？

侦破提示：破案的关键点在那个巨型大钟上。

聪明的化妆师

侦破难度系数：★★★★　　破案时间：9mins

侦探现场

这一天，一个年轻人冒充送电报人员，进了某电视台化妆师家里。

进了门后，他从腰间拿出一把匕首，冲着化妆师狠狠地说："如果你能老老实实地听我的话，那么我就不会伤你半根毫毛；假如你不听话，那么就不要怪我了。现在只要略施一下你的手艺就行，对你的生命应该没有威胁！"

这位化妆师的化妆技术非常高明，在他家里的墙上挂着几幅明星剧照，他们都是经过她化妆后拍摄而成的，可以算得上是艺术佳品。

看看那个40岁的男演员，经过她化腐朽为神奇的手一化妆，立即就变成了一位20多岁的"英俊小生"；旁边那位本来是年轻漂亮的姑娘，经过她的手后却成了一位白发苍苍的老妪；另外，还有那张男扮女装的演员剧照，不管从哪个角度看，都丝毫不会看出半点破绽。

现在这个年轻人恶狠狠地说："我蹲监狱将近一年了，监狱的生活真是让人难受。今天，我总算是逃了出来，再也不想回到那鬼地方了，现在我要你将我的脸化妆一下！"

这个化妆师瞟了一眼他手里的匕首，顺从地说："哦，那么你准备化妆成什么样子呢？对了，我把你化妆成一个女人，你看行吗？"

"这不行！脸变成女人后，行动就太不方便了。你想个办法，只要能将我的脸改变个样子就行。"

"是这样，那好办！我把你变成一个面带凶相的中年人，你看怎么样？"

"行，就这么办！"

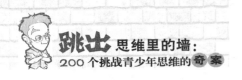

于是这位化妆师开始忙碌地替他化起妆来。不一会儿，镜子里便映出了一张肤色黝黑、目光凶狠的中年男子的脸。

化妆师问："怎么样，这张脸你满意了吗？"

逃犯回答："你的化妆术非常厉害，连我自己都快认不出来了。"

"是吗，那么现在你该走了吧？"

逃犯把化妆师捆起来后，又拿了一块毛巾塞住她的嘴，最后带着一张陌生的脸推门离去了。

一会儿，一群警察来到了化妆师家里，给她松了绑："这次多亏有您帮忙我们才可以将那个家伙捉拿归案。哎，您可真是受苦了！"

这名化妆师笑了一下说："没什么，我只是做了应该做的事，那个家伙无论如何也想不到自己怎么会被抓住。"

各位读者，你们知道这个逃犯为什么这么快就被抓住吗？

> **侦破提示：**把关注点集中在逃犯的那张脸上。

一则"有毒"的声明

侦破难度系数：★★★　　　破案时间：10mins

侦探现场

一名著名的化学家马克因为研制出很多的化学产品，因此成为了一名百万富翁。

自从有了钱，他便在伦敦市的一条繁华大街上，购买了一套豪华公寓。这个马克不仅喜欢钻研化学，而且还对收藏世界名画和文物兴趣颇大，为了购买自己中意的名画，他几乎花掉了自己的一半收入。

这一天夜里，有个小偷鬼鬼祟祟地钻进了马克的豪宅，在偷了几件文物后,经过客厅时又顺手取下了挂在那里的一幅名画。正当他得手准备从原路逃走时,目光突然被餐桌上一瓶高档名酒吸引住了。

原来这小偷是个酒鬼,平日就嗜酒如命,这下他看到有这么好的酒,就不管三七二十一,拧开酒瓶迫不及待地扬起脖子喝了起来。

谁知,他刚喝到一半时,就听到门外传来一阵响声,这大概是仆人听到什么动静后前来查看。这个小偷心里一慌,赶忙放下酒瓶跳窗逃走了。

次日清晨,起床后的马克发现家中几件文物以及许多名画不见了踪迹,就赶紧报了警。不大一会儿,门罗警长便赶了过来,他在屋内转了一圈后,见罪犯没有留下任何痕迹,就摇摇头说这是一名惯犯。

就在这时,门罗警长突然看到桌上开着的酒瓶,就向马克进行了询问。在得到这瓶酒不是马克喝的后,门罗警长断定肯定是盗贼把酒给喝了,警长看着这瓶酒突然心生一计,他要让这个小偷自己投案自首。

各位读者,你们知道门罗警长想到了什么办法吗?

> **侦破提示:**哈哈,被窃的人是著名化学家,小偷又在他家喝了些酒……

三田警探

侦破难度系数:★★　　　破案时间:5mins

侦探现场

正值新年,克里夫妇来到日本旅游。这一天,克里夫妇在一家酒吧喝酒时,意外地遇到了一件麻烦事。

夫妇二人找了一个座位坐下后,克里先生就起身走到吧台买酒。恰巧这时,一个陌生男子乘克里先生离开座位时,走到克里太太面前进行调戏。

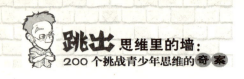
克里先生回来后看到此景，非常生气地走上前与对方理论。

谁知道，眼前的这个中年汉子竟然是个无赖，两人互相推搡了几下。就在这时，他们身边又走过来另一个中年男子，这个中年男子大声地对克里喝道："你想干什么？我是警探，现在我控告你袭警，你和你的太太都跟我走一趟！"这个中年男子边说边掏出一张证件，证件上写着"××警署警探，三田太郎"。

克里先生气得浑身发抖，对着这个警探说："这一切，都是这个人先挑衅生事，要拘捕，你应该拘捕他才对。"

这时，眼前这个自称是警探的中年人摇了摇头，说："寻衅滋事，在我国是严厉禁止的，除非你赔偿500美元，否则就跟我到警局走一趟。"

站在一旁的克里太太冷静地看了看眼前这位"警探"，冷笑着说了句："如果你不立即从我眼前消失，那么我将报警说此处有人冒充警探。"

请问，克里太太为什么要这么说？她的根据是什么？

侦破提示：注意这位"警探"的证件。

贪财的算命盲人

侦破难度系数：★★★★　　　破案时间：12mins

侦探现场

清朝初年，有一位盲人靠给他人算命骗钱过活。他经常戴着一副墨镜，扛着招揽生意的幌子，上面写有"算福算灾，为你揽财"，然后走街串巷四处骗钱。

那个时候，人们都非常迷信，碰到生孩子、盖房子、考试等都会让他算算。这个瞎子十分贪心，他经常装神弄鬼地吓唬人，为此骗了很多钱。

这一天,算命盲人要去一个小镇,中途他要经过一条河,可是河上只有一座独木桥。来到桥头后,他摸索着走了上去,这座独木桥很陡也很窄,加上又有些年月,所以走上去摇摇晃晃的,算命盲人因为害怕脚止不住地抖动。

就在这个时候,有位农夫赶集回来,肩上搭了一块新买的红布,也走到了桥头。他看见前方有一个盲人,于是就好心地对他说:"你的眼睛看不见,这座桥又非常危险,我背你过去吧。"算命盲人一听,赶紧趴在了农夫背上。

农夫背起算命盲人慢慢向前走去,这时盲人的手忽然碰到了农夫肩上的那匹布,心中立即起了个坏念头。他偷偷地将布撕了一个口子,然后等过了桥,农夫把他放下后,他竟然拿起布就要走。

这个好心的农夫赶忙责问他:"你说你这个人,我好心背你过河,你怎么可以拿我的布呢?"

这个算命盲人说:"这块布是我新买的,你怎么能说是你的呢?你就别欺负我一个瞎子了。"

农夫气愤不过,就把这个算命瞎子拉到了县衙,县令问他们:"你们都说布是自己的,那么你们可有什么证据呢?"

这时,算命瞎子赶忙抢先一步回答:"老爷,有证据,我有证据。我在买布的时候,因为看不见,所以一不小心把布撕了一个口子,还望老爷明察!"

县令拿过布一看,上面果然有条口子,于是就说:"这么漂亮的一块白布,弄坏了还真是可惜啊!"

这时,算命瞎子马上接过话道:"是呀,我为了买这块白布,还花了不少银子呢!"瞎子话音刚落,县令立即大喝一声:"别装了,你就是个骗子!"

各位读者,县令为什么听了算命瞎子的话后,就断定出他是个骗子呢?

侦破提示:从他们的对话里寻找答案。

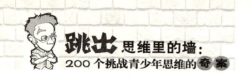
拿不动的大铁锅

侦破难度系数：★★★★★　　破案时间：15mins

侦探现场

这天早上，包公正在衙门里批阅案卷，突然听到外面有人在大声争吵，一个尖细的嗓音叫道："你放开，锅不是我偷的，快放我走！"这时，又有一个沙哑的嗓音说："锅就是你偷的，别不承认了，敢不敢进去让包大人审断一下！"

听到这儿，包公放下笔，站起身走到了门口。在门外，他看到有两个男子互相拉扯在一起，一个高个子人提着一口大铁锅，而另一个人是残疾人，缺了一只胳膊，走路一瘸一瘸的。这个高个子看到包公，就说："包大人，小人是卖铁锅的小商人，在院子里存放了很多铁锅，最近经常发现有人偷走我的铁锅，于是昨夜我就一宿没睡，等小偷自己送上门。等到半夜，我就看到这个家伙来偷锅，于是就把他给抓住了，还望老爷明察！"

包公看了看他俩，没等发问，那个独臂跛子就大喊道："包大人，真是冤枉哪！我半夜起来上茅房，可是他却把我抓住，还说我偷了他家的什么铁锅，我是一个缺手断脚的残疾人，那么大的一口铁锅，让我拿也没法拿啊？他分明是故意诬陷小人，还请老爷细断！"

包公听了独臂跛子的话后，便点了点头说："是啊，你说得非常有道理，分明是这个奸商诬告你，现在本官决定把这口大铁锅送给你，作为商人诬陷你的补偿！"

旁边的商人一听，气鼓鼓地对包公说："往日，都听百姓说包大人公正廉明，没想到……"他的话还没说完，旁边的独臂跛子早已等不及，兴奋地扛起铁锅就要往外跑。还未等他跨出门槛，包公就冲着他大喝一声："你这个偷锅的窃贼,还想往哪里走!"

请问,包公为什么先说偷锅贼是被诬告的,后来又说他是窃贼呢?

钟塔上的雕塑刀

侦破难度系数:★★★　　　破案时间:10mins

侦探现场

一天晚上,在美术学院一栋公寓的 20 层一个房间内,雕塑院院长埋头正在创作一座 3 米多高的人物雕像时,被人用雕塑刀当场杀死。

警方赶到现场后, 发现院长雕塑的泥架上有该学院副教授的头发,警方猜测院长在死前曾经和副教授有过激烈的打斗。于是,警方按着这条线索,展开了进一步的侦查。

几天后,该案件又有了新的眉目。据该校勤务人员报案,他工作时,在距公寓 800 米开外的美术大学教学楼的钟塔顶上发现一把带血的雕塑刀。

勤务人员的这个发现让警员们犯了难,因为如果不能解释疑犯怎样把凶器放在钟塔上的,那么就不能把疑犯作为凶手逮捕。

负责该案的警长马上去求教侦探,他说:"现在最大的嫌疑犯是副教授,可是却不知他是通过什么方法将凶器扔在钟塔上的,那个钟塔有 60 多米高呀!而且钟塔的门是常年锁着的,除了勤务人员以外,任何人都是无法上去的,而勤务人员又有不在场的证明。"

侦探低头沉思了一会,两眼忽然一亮:"会不会是用某种飞行物从空中扔下去的?"

警长摇了一下头,说:"假如是飞行器扔下去的话,那么飞行器肯定会

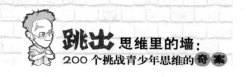

发出很大的声响，可是谁都没有听到那么大的声响，这种假设我看不太现实。不过有一个情况值得注意！"他从公文包里拿出一张调查报告，接着说，"在事发那天的第二天清晨，有人在钟塔附近听到了声音很低的马达声。"

侦探听他这么一说，眼睛顿时放出异样的光彩："哦，我明白了。"于是，他就把其中的奥妙讲给警长听，很快副教授便被抓获归案，他在警局最终也承认了此事是自己所为。

问题来了，那把带血的雕塑刀到底是怎么被副教授扔到高高的钟塔上的呢？

侦破提示：钟塔是被锁起来的，那么凶手只能通过别的途径把凶器扔到钟塔顶部。

惨死在老虎嘴下的驯兽师

侦破难度系数：★★★★★　　　破案时间：15mins

侦探现场

卡丝是一名动物园的驯兽师，她不但长得美丽而且为人也非常热情，平时她专门负责训练狮子和老虎等猛兽。

虽然这些凶猛的猛兽看起来非常可怕，但是它们一见到卡丝就会变得异常温驯听话。这些猛兽经过卡丝调教后，像那些老虎和狮子等都学会了钻火圈、滚球等节目，一时成了动物园里的大明星！

每次动物园在举行表演时，最后压场的节目必定都是由卡丝和老虎来表演——老虎张开血盆大口，卡丝把头伸进老虎的嘴里。

这一天，又是动物园举办表演的日子，众多游客们纷纷从四面八方赶过来,准备观看卡丝的驯兽表演。场地里的老虎和狮子在卡丝的指挥下,表现得既机敏又驯服,不禁让现场的所有观众们发出啧啧的赞叹声。

终于,让大家期待不已的最后一个节目上演了,卡丝还是像平常一样把头伸进老虎的嘴里,虽然观众们的心都提到了嗓子眼,但是卡丝却一点也不慌乱——她和老虎已经配合了无数次,是绝对不可能出现任何危险的。

表演正式开始,在卡丝的指挥下,老虎顺从地张开了大嘴,卡丝以优雅的动作给全场观众鞠了一躬,然后返身弯腰,把头伸进了老虎的嘴里,这时观众席上发出了雷鸣般的掌声。

可是,就在卡丝准备将头抽出来的瞬间,这个老虎的嘴角向上一翘,露出了像微笑一样的表情。接着,老虎将嘴重重地一合,卡丝顿时倒在了血泊里!

在场的所有观众们顿时惊呆了,这只老虎好像也受了一惊,不停地用舌头舔舐着卡丝的脸。这时,其他的驯兽师飞快地冲上去把卡丝给救了回来,不过卡丝最终还是因为颈部血管破裂、失血过多,停止了呼吸。动物园的园长无论如何也不能相信眨眼间这个可怕的事实,自己园中最有天赋的驯兽师卡丝竟然会被自己驯养多年的老虎活活咬死!这简直难以置信!

后来,他强烈要求警方进行调查,可是警方却说事情已经十分清楚,卡丝被老虎咬死的事,是全场所有观众都亲眼目睹的,没有必要再进行调查!动物园的园长不甘心,无奈之下只好找到了罗佳侦探,想请他来查清这个离奇事件。

罗佳耐心地听完了整件事情的经过,最后问道:"那天,老虎喂饱了吗?它的情绪怎么样?"

对此,园长做出了非常肯定的答复:"那只老虎在表演前绝对是喂饱了,它的情绪状态也非常好!就算它饿着肚子或者心情非常糟,那么它也不会袭击卡丝的,因为他们之间有着很深厚的感情。"

"可是,这就令人奇怪了。"罗佳想了想继续问,"那么,还有什么其他特别的事情,值得注意吗?"

"哦,倒是有一件事情。"园长翻了翻眼皮说,"可是,我不知道这重要不重要。有一名观众告诉我,那只老虎在合上嘴以前,曾经还露出了微笑一样

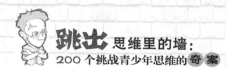

的表情。"

"什么?微笑?真是莫名其妙!"罗佳琢磨着说,"可是,这只老虎为什么在合上嘴之前要笑一笑呢?"忽然,他似乎想到了什么,于是大声地说道:"我知道了,卡丝就是被人给害死的,只是这个凶手太聪明了!"

"是吗?到底是怎么一回事?"园长急切地问,"这个凶手到底是谁?"

罗佳冷笑一声,胸有成竹地回答:"凶手很可能就是卡丝的发型师!"

各位读者,你们知道罗佳为什么说凶手是卡丝的发型师吗?

侦破提示:想一下发型师平时的工作。

富翁是怎么死的

侦破难度系数:★★★★　　　破案时间:12mins

侦探现场

年纪75岁的企业家特尔斯,喜欢上了25岁的酒吧女老板斯佳丽,最终他追求成功并幸福地娶了她。这个特尔斯是个亿万富翁,名下有几个非常大的产业。

他因为年龄大的原因,就准备将自己名下的庞大产业交给前妻的两个儿子打理,自己则准备和年轻漂亮的斯佳丽过上几年轻松愉快的日子。

不过,这个斯佳丽却早就有了自己的意中人,她之所以会与男友分手而和特尔斯结婚,就是盯上了他那庞大的产业。因为她非常清楚,一旦特尔斯去世后,她就会以妻子的身份继承一大笔财产,所以斯佳丽无时无刻不盼望着这一天早早来到。

终于这一天如愿地来了,这天正是特尔斯和斯佳丽结婚两周年的日子,他们喝酒庆祝完他们的结婚纪念日后,两人便手挽手走到屋外散步。

散完步后，特尔斯就回屋洗澡，可是他却莫名地死在了自己家里的浴室中。斯佳丽急忙惊慌失措地打电话告诉了特尔斯的儿子，让他们赶紧赶过来。特尔斯的儿子过来看到父亲死得蹊跷，于是就向警方报了案。

警方根据调查的结果，推断特尔斯为意外死亡，死因是心脏麻痹从而导致停搏。警方之所以会做出这样的推断，是因为死者具备了心脏麻痹而死的一切症状。并且特尔斯在死前还曾经饮过白酒，警方猜测他进入热气腾腾的浴室后，酒精发挥了作用，引发了心脏停搏从而导致了死亡。

可是特尔斯的儿子根本不相信警方的结论，于是他们就请来了侦探，侦探先生经过仔细检查后便认为这是一起设计十分巧妙的谋杀案。侦探又进行了深入调查，终于查明凶手就是斯佳丽。

后来，法医经过解剖，发现死者的胃内除了酒精之外，还残留着大量安眠药成分。

那么，斯佳丽究竟是以什么样的手段杀害了死者，又是如何伪造出意外死亡的场景呢？

侦破提示：注意浴缸和死者胃内的安眠药。

反串角色

侦破难度系数：★★★★　　　破案时间：8mins

侦探现场

山本武治是东京一所大学的生物系教授，他住在稻田公寓 B 座 22 层。山本早在几年前就已经与前妻离婚，法庭也将他唯一的女儿判给了他的前妻，因而这些年来山本一直都是一个人生活。

这一天，学校发现山本已经有两天没有来上班了，同事武田教授就给

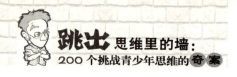

他家打了个电话，可是电话响了很长一段时间却没人接。武田隐隐察觉有什么不好的事情发生了，于是下班后武田急忙来到了山本家，想看看山本到底发生了什么事情。

等武田赶到山本家后，他刚要抬手敲门，忽然发现门是虚掩着的，于是就直接推门进去。进入屋内的武田，差点没被眼前的情景吓得摔一个跟头，他看到山本仰面横躺在客厅的地板上，身上有两处很深的刀伤，并且地面上还有一大堆已经干涸的血迹……武田没有多想，立即跑出室外打电话报了警。

警长井村带着助手高桥赶到现场后，仔细搜寻一番却并没有找到什么重要线索，不过死者山本手里紧攥着的两个油炸牡蛎黄，引起了警长井村的注意。井村暗自琢磨：为什么一个临死的人，却还要紧紧抓住牡蛎黄不放呢？是不是他想暗示什么？

井村和助手高桥在经过多天的走访调查后，终于找到了两名嫌疑人，这两名嫌疑人一个是死者的前妻，她是一家妇女杂志社编辑介子；另一个是死者的堂弟，经常在歌舞伎中演女一号的小林。

井村最后的调查结果认为这两个人都有杀死山本的动机，死者的前妻介子非常溺爱自己的女儿，可以说要什么就给什么，山本在死前认为前妻这样的做法对女儿的成长十分不利，于是就在前段时期向法院提出了收回抚养权的要求，为此井村认为介子很可能因为抚养权的问题，而对山本动了杀机。

而死者堂弟小林向来心术不正，不但不务正业而且还极爱赌钱，就在前阵子他因为输了很多钱，就来向山本借，结果却被山本训斥了一顿赶出了家门。他很有可能因此对山本心存不满，为了报复山本起了杀意。

可是，通过作案的现场来看，作案者只能是其中一人，那么这两个人究竟谁才是真正的凶手呢？调查工作陷入了僵局。

正当井村为该案抓耳挠腮之际，他猛然想起了死者山本手上的那两个牡蛎黄，同时也想到山本在生前是一名生物系的教授。他灵光一闪，马上赶到图书馆，在查阅百科全书后，他断定凶手就是在歌舞伎中演反串角色的死者堂弟——小林。

各位读者,井村警长在百科全书中看到了什么,他为什么认定小林就是凶手呢?

> **侦破提示:**把关注的重心放在被害人是位生物教授和他在死前紧紧抓着的两个牡蛎黄上。

谁在说谎

侦破难度系数:★★　　　破案时间:5mins

侦探现场

一天,高中生约翰、马克、杰克和汤姆四人一起来到森林里准备野餐。这里由于前一天刚刚下过雨,四人只能放弃骑车,改为步行前往野餐的地点。四人玩累后,正准备做饭时,发现装着食物的野餐篮不知什么时候丢了。

四个人经过一番商量后,决定留下约翰一个人照看物品,而马克、杰克和汤姆三人分头前去寻找一些做饭的食物及柴火。15分钟后,马克等人回来时,却发现约翰竟然被人给杀死了!

三人急忙掏出手机打电话报警,很快警察赶了过来,分别对三个人进行了详细的讯问。

马克回答警官说:"我拿了渔具想到河边去钓鱼,不过由于河水太混浊了,一条都没有钓到。"

杰克回答道:"我去了附近的村舍,想找一家商店买一些吃的,可是今天的那些小店都没有开门。"

汤姆也回答说:"我去了森林里,准备捡些木柴回来生火,可是等捡完木柴回来后,却被一棵树给绊倒了,捡的那些木柴也掉在了地上。我看到那

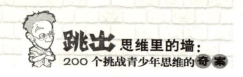

些木柴都湿了后,怕大家等得着急,就空着手回来了。"

警察看了看附近的地面,想了一下说道:"这里没有别人来过,凶手一定是你们三个人其中的一个。"

那么,究竟谁才是杀害约翰的真正凶手呢?

侦破提示:既然刚下过雨,那么雨后的森林有哪些现象呢?

巧识作案者

侦破难度系数:★★★★★   破案时间:16mins

侦探现场

夏至刚过的一个晚上,位于太阳湖西岸的一间低矮茅草屋内,突然跑出一个女人。只见她披头散发,一边慌忙地向前拼命跑着,一边大声地呼喊救命。有一些好奇的邻居们开门察看,在看到该女是凤英后,又很快地把门关了起来。

凤英的男人名叫杨天,家里还有一个未满周岁的孩子,夫妻二人一直靠耕种两亩良田和纺线织布为生。本来,他们家的日子过得还算不错,可是近来不知为什么,夫妻二人经常半夜大吵大闹。乡邻们认为夫妻间吵架是很正常的事,起初还有人劝解他们,可是他们却充耳不闻,到最后众乡邻干脆"事不关己高高挂起"了。

这次,在他们争吵后的第二天清晨,有一个老汉由于前一天晚上和杨天约好一早进山,所以天一亮便早早地叩响了杨家的木门。他敲了半天,见屋内没有一点回应后,便推了推木门。这个木门没有反锁,在被老汉轻轻一推后,便"吱"的一声开了。老汉探头向里望去,一声"妈呀"惊呼后,一屁股跌在了地上。原来,屋内躺着三个血肉模糊的人,这正是杨天一家。

很快,老汉便把此事报告了当地的县衙,县令便带着一行数人赶到案发现场。等他们赶到现场时,这里已经左三层右三层围满了好奇的乡邻。县令听完那个老汉的讲述后,就走进屋内仔细地进行观察。他发现屋内虽然死了三个人,但是陈设却一点不乱,三具尸体并排横躺在炕上,在炕头的一块青砖下还压着一张字条,上面有着这样一行字:"生不逢时无须生,相互中伤命不惜,送汝与儿先离去,我步黄尘报丧钟。"

县令看完字条的内容后,就背着手围着三具尸体慢慢踱步。忽然他停住步伐,弯下腰,伸手拉了拉杨天僵硬的胳膊。不一会儿,县令直起腰,略作片刻的思考,然后走出茅屋,冲着外面的众乡邻说道:"本官现已查明,杨天是在杀死妻子和孩子后,自刎而死的。目前罪证俱足,只是那个孩子因为被吓昏过去,所以还需学他母亲的声音将其唤醒。本官现在宣布,如果谁能学得出凤英的声音,将这个孩子救活,那么杨家的财产就归他一半……"

县令的话音未落,有一个自称叫冷艳的年轻妇人便从人群中走了出来,她向县令躬身道:"大人您说话可得算数?"

县令打量了一下冷艳,说了句:"本官说话一向言出必行,字出千金。"

冷艳听后,扭动着腰肢走进了屋内,她学着凤英的声音冲着死去的孩子说道:"儿呀,我的儿呀,妈妈回来啦,你快睁开眼看看啊……"她叫了半天,这个孩子仍然沉默地在"睡着"。

县令转身问先前的那个老汉:"她的声音与昨晚凤英的声音像吗?"

"像,非常像!"老汉肯定地回答。

县令又对冷艳说道:"行了,虽然这个孩子没有被你救活,但是你的行为可赞,鉴于杨家已经没有后人继承产业,因此本官决定将杨家的田产全部交给你……"

冷艳一听,心里暗暗高兴起来,刚要向县令谢恩。不料县令却抬手止住了她,继续说道:"按照当地习俗,外姓人在继承遗产时,必须要左手持刀,一刀砍断院中最粗的一棵树。本官看你是一个弱女子恐不能胜任,就由你指派一个最亲近的人来完成此项重任吧!"

听完县令的吩咐后,冷艳伸长了脖子向人群中望了望,人们顺着她眼神

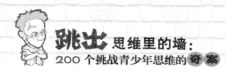

的方向,看到了一个非常壮实的汉子。此人膀大腰圆,正是冷艳的丈夫吴雷。他忽地站起身,径直走到县令面前,接过柴刀后,用左手掂了掂,几步跨到院中最粗的一棵红柳树旁,猛然抡起锋利的柴刀砍了下去。手起刀落,只听"咔嚓"一声,粗大的柳树便断为两截。县令锐利的眼睛里闪现出欣喜的光芒,他大声地干咳一声,人群立刻安静了下来。他缓缓地开口说道:"现在本官已经把这起惨绝人寰的命案审理完毕,捕役们给我拿下案犯吴雷和冷艳。"

众捕役连忙蹿上前押住吴雷和冷艳,这二人"扑通"一声跪倒在地,嘴里直喊冤枉。

县令冷冷地看了他们一眼,大声说道:"你们喊冤?冤在哪里?"

吴雷哆哆嗦嗦地说:"大人,您先前不是说杨天是杀害妻儿后自杀而死的吗,可是您现在却如何说他们是被我们所害?"

县令哈哈一笑:"我那么说是为了让你们自投罗网。"说完看着围观的人们,又问,"昨天半夜,很多人都听见了凤英呼喊救命的声音,可是我从尸体干黑的刀口上,断定出死者是在傍黑时分被害。这样一来就奇怪了,难道凤英在被人杀死后还能诈尸呼喊救命吗?因此,我认为一定是有人假冒了她,故意想制造出假象,企图掩盖死者被害的时间。这个假冒者一定就是这起命案的杀人凶手,于是我就决定先从声音上查出谁是假冒者。可是,当我查出冷艳就是假冒者后,却发现她身单力薄,绝非是直接作案人,于是我想她一定还有同伙。之后,我便故意用杨家的财产作诱饵,让她找人砍断树木,以此让她的帮手自投罗网。"

杨家被杀一案,县令是从凤英刀口血迹上,推断出昨夜有人假冒了她。可是,他又是如何断定出杨天不是自刎而死的呢?

侦破提示:该案有些难,想要破案,应从死者僵硬的肢体入手。

寒冷的一夜

侦破难度系数：★★★　　　破案时间：7mins

侦探现场

等到电话铃声连续响了四次后,大侦探宾利才意识到这不是自己在做梦。他揉了揉惺忪的睡眼,看了看时钟,此刻正是凌晨3点30分。

"喂,你是?"宾利拿起话筒问了句。

"您是侦探宾利先生吗?"话筒里传出一个女人的声音。

"是的,你是?"

"我叫斯佳丽·伯顿,我的丈夫被人杀死了,请您赶紧过来一下,地址是……"

宾利记下她所说的住址后,便把电话挂上。这时,外面寒风呼啸,看情形屋外异常冰冷。于是宾利就多穿了一件衣服,这样一来,他所花费的时间自然就比平日多一些。他来到门前,看了看门外肆虐的大风,于是就在脖子上多加了两条围巾。

40分钟后,他赶到了伯顿夫人家,这时伯顿夫人正在门房里焦急地等他,她看到宾利后就为他打开了门。在这所暖和的房子里,宾利把身上的围巾、手套、帽子以及外套一并都脱了下来。

伯顿夫人散乱着头发,身穿睡衣脚穿拖鞋,看了看宾利说:"我丈夫目前在楼上。"

"能和我详细说一下情况吗?"宾利问她。

"夜里11点45分时,我和丈夫上床入睡,可是我也不知怎么的,在3点25分就醒了。醒来后,我见丈夫没有一点声息,就伸手摸了摸他,这时才发觉他已经死了。"伯顿夫人抽泣着说道。

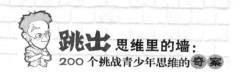

"哦,那你后来又做了些什么?"宾利又问伯顿夫人。

"我发觉我丈夫死后,便走下楼给你打电话,那个时候我看见那扇窗户正大开着呢。"她用手指了指那扇开着的窗户。

这时,猛烈的寒风从外面直往屋里灌,宾利走过去,把窗户给关了起来。宾利想了想后,问伯顿夫人:"罪犯可能是从这里逃走的,这可是一条重要的线索,夫人您在我来到这里之前,有没有走近这扇窗户?"

"没有!"伯顿夫人肯定地回答。

"哦,是这样,那么就让警察来吧!"宾利顿了顿,继续说道,"我希望在他们赶到这里之前,你能将真相告诉给我!"

宾利为什么会这样说呢?他所依据的是什么?

侦破提示:这个案子应该不难,从那扇被打开的窗户入手即可。

火炉上的烤肉

侦破难度系数:★★★　　　破案时间:6mins

侦探现场

莱克和妻子爱丽丝有一座农场,他们由于没有孩子,日子过得异常逍遥惬意。平常时间,他们夫妻二人除了前往城里采购一些食物以及日常用品外,其他时间基本上都待在农场里。

这一天,妻子爱丽丝去城里采购完生活用品回到家中时,看到丈夫莱克竟然死在了火炉旁边,在他的胸口上还插着一把匕首。

吓愣住的爱丽丝精神恍惚地立即报了警,警长迈尔赶过来查看现场后,发现在一个烤盆中有许多已经熄灭的炭块,上面还放着一些牛肉,而托盘、刀叉和作料等则被散放在一旁。迈尔警长在检查完尸体后,确认莱克的遇害时间大约在1小时之前。

根据这片农场的交通以及人员的居住情况,迈尔警长立即带人展开了追捕,结果在方圆10里的范围内只找到了一个人。

于是,迈尔就将这个人带到了凶杀现场。这个人自称是个旅行家,现在肚子饿极了,正想找个地方好好地吃一顿饭。他看见火炉上有一些烤肉,便伸手拿过来,张开大嘴狼吞虎咽地吃了起来。

"您好,先生,请慢点吃。我想问您一个问题,您之前有没有来过这里?"迈尔一边细细地打量着这个人一边问。

"哦,我从没有来过这里。只是走到这里时迷路了,也不知道自己身在什么地方。哎,警官先生,您如果不介意的话,那么就请等我吃完这块烤肉后再跟你详细说,好吗?"说着这个人又停顿了一下,伸手直接从炭火盆里拿出一块烤肉,安然地放入嘴里。他的这些动作没有逃过迈尔的眼睛,迈尔警长冷笑一声,拿出一副手铐,对着他说:"先生,你应该没有学过表演吧,演技真是差到了极点,请跟我到警局走一趟吧!"

奇怪,迈尔警长是怎么看出这个人就是凶手的呢?

侦破提示: 注意这个人拿烤肉时的动作。

遇害时间

侦破难度系数:★★★★　　　破案时间:12mins

侦探现场

上午9点左右,乔治前往海边散步,此时正值海水退潮,他赫然发现有一艘小帆船倾斜在沙滩上。乔治非常奇怪,于是就走近船旁,冲着船舱大喊了几声,可是并没有人应答,这让乔治又平添了几分好奇。

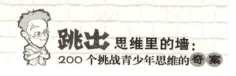

于是,他攀着放锚绳爬到了甲板,从甲板的楼梯口往阴暗的船舱看去,这一看差点没把他的心脏病吓出来,原来他在船舱中看到躺在血泊中的船长,并且其胸部还被插着一把匕首,看情形是被刺死的。

好奇心发作的乔治,壮了壮胆子走下船舱,他在船长紧握的手上发现了一份被撕破的航海日志。船长躺卧在床头的血泊里,床头竖着一根已经熄灭的蜡烛,蜡烛的上端呈水平状。这个船长也许是借烛光看航海日志时被杀害的,凶手在杀死船长后吹灭了蜡烛,然后撕扯了航海日志逃跑。

乔治立即想到这是一桩谋杀案,马上向当地警局报了案。

当警员们赶来后,开始四处寻找线索。警员们一边查看尸体,一边互相讨论案情:"这艘船应该是昨天中午停泊在这里的,因为船舱在白天也非常的阴暗,所以死者看航海日志时需要点燃蜡烛,由此可以推断船长被害的时间并不一定是晚上,可是……哎,也不好说。"

乔治看了看众警员,干脆利落地说了句:"船长被害的时间,是在昨天晚上大约9点钟左右。"

警员们疑惑不解地望着乔治,不知他是根据什么做出这样大胆的推测。

各位读者,你们知道吗?

> **侦破提示:破案的关键点在蜡烛上。**

大象生活在哪个洲

侦破难度系数:★★★　　　破案时间:6mins

侦探现场

世界上非常著名的沙漠探险地,当之无愧要数非洲的撒哈拉沙漠,每年很多勇士为了征服它,纷纷赶到这里,挑战众多的极限性活动。

　　这一天,当地警察安东和他的助手正像往日一样,开着越野车在沙漠腹地进行巡视,看看有没有一些迷路的极限勇士。午时,正值中午太阳最毒辣时,突然,安东和他的助手看见沙漠里躺着两个人。安东急忙将车停下,跑到这两个躺着的人跟前伸手一探,发现这两个人早已死亡,并且在他们的背上还有数个刀口。

　　安东赶紧开始检查尸体,他从两个人的衣服兜里,发现了可以证明他们的身份的文件:原来这两个人都是美国人住在纽约,并且还都是纽约一家沙漠探险俱乐部的高级会员。安东让助手继续检查现场,自己则将这两个受害人的资料传回总部。总部接到资料后,又马上通过国际电报,告知了美国纽约警察局。

　　纽约当地的警察局对这件异国凶杀案极为重视,立即着手组建了专案组,组长由贝斯警长担任。

　　贝斯警长在经过详细的调查后,认为嫌疑最大的人是死者之一的劳拉先生的侄子麦克。于是,贝斯便驾车赶到了麦克的住所。麦克这个人长相温和,他十分友好地接待了贝斯警长。他把贝斯让进屋里,笑着问:"尊敬的贝斯警长,你来找我有事吗?"

　　"是的,非常重要的一件事。我向你核实一下,你知不知道你的叔叔劳拉先生最近去了什么地方?"

　　"知道啊,他去非洲探险了。"麦克淡淡地回答道。

　　"哦,我听说你也陪着你叔叔一起去了非洲,是不是?"贝斯问。

　　"不,不,我没有去非洲。原先是打算去的,可是就在我要陪叔叔去非洲的时候,我有几个要好的朋友非要我陪着他们一起去南美洲,所以我只好放弃了非洲之行,改去南美洲了。"说着麦克从柜子内拿出一张照片,接着说道,"瞧,警长先生,你看这就是我在南美洲与大象拍的合影!"

　　贝斯看了看这张相片,眉头一锁,接着眼神一亮,立马掏出一副手铐,严厉地说道:"别在表演了,麦克先生,我看你叔叔的死,跟你绝对脱不了干系。"

　　麦克还欲争辩,贝斯把手铐"啪"地一下锁在了他的手上。接着,贝斯指

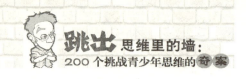
着照片上的大象，对着麦克说了一番话。麦克的脸色霎时变得黑暗，不得不低下了头，最终说出了杀死叔叔的真相。

各位读者，贝斯究竟对麦克讲了些什么，最终致使麦克承认了犯罪事实的呢？

侦破提示：想要不浪费时间，那么就从大象身上着手。

电文里的秘密

侦破难度系数：★★★★★   破案时间：15mins

侦 探 现 场

某一天清晨，缉私处电码室的小王突然截获了一份神秘的电报，电报的内容为："朝，一切顺利，货在火车站交接。"

小王知道这是一份非常重要的电报，就立即将电报交给了自己的上司李处长。李处长接过电报仔细看了一遍后，肯定地认为这是上次交易未成功的毒品走私残余分子，想再次进行秘密毒品交易的电文。于是，李处长当即着手进行了详细部署，下决心这次一定要把这伙狂妄的贩毒分子一网打尽。

看着李处长非常自信的神态，小王犯难地说道："李处长，这次我们想抓住这伙毒贩子，并不容易啊！你看，这份电文虽然写明了接货的地址，但是并没有说明接货的具体时间，我们根本就无从下手呀！"

这时，小王身边的另一名警察也接过话头说："是啊，李处长，小王说得对，这上面又没写具体的时间，我们的确是无从下手。看来我们要想破获这个案子，只能每天二十四小时地进行秘密监视火车站了！"

"可是，这得花费很多的警力，再说了他们要是几个月后再交易，我们的警力难免会出现松动。二十四小时进行监视，这不等于是大海捞针吗？"

又一名民警反驳道。

"不要再争了。"一直沉默的李处长终于开口说了话,他顿了顿继续说道,"其实在这份电文中,毒贩子们已经非常清楚地告诉了我们他们交易的具体时间!"

几名警察忙着再次仔细地看了看这份电文,可是他们并没有看出什么蹊跷来。很快,警员们根据李处长的安排,果然把这伙毒贩子全部抓了起来。

各位读者,你们知道李处长是如何判断出电文中的时间的吗?

侦破提示:该案有些难度,需要认真地推敲电文中的每一个字。

玻璃案件

侦破难度系数:★★★　　　破案时间:5mins

侦探现场

拿破仑自从滑铁卢大败后,就被软禁在大西洋南部的圣赫勒拿岛,而陪伴在他身边的只有一个仆人——桑梯尼。

有一天,拿破仑派桑梯尼去找岛上的罗埃长官,向他转告自己希望有个医生,可是到了中午桑梯尼都还没有回来。这时,一个自称是从长官部来的青年军官告诉拿破仑说:"你的仆人由于犯了偷盗嫌疑,所以目前已被拘捕起来。"

拿破仑听后,忙着赶到长官部,罗埃长官便向他讲起了该案经过:"我在整理岛民交上来的金币时,桑梯尼恰好来到了这里,于是我就让秘书把他带到左边的房间里等一会。后来,我因为要出去办点事,所以就把金币锁在桌子的抽屉里,可是由于我的疏忽,抽屉上的钥匙却被遗落在桌子上。也就两三分钟后,我返身回来,可是我把放在抽屉里的金币重新数一遍后,却

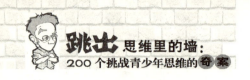
发现少了10枚。而在这段时间内，屋子内就桑梯尼一个人坐在左边的房间里，抽屉的钥匙又放在桌上，因此我就命令手下将他抓了起来。"

拿破仑低头一思，说了句："左边的门应该上了锁，这样一来桑梯尼是无法进来的。"

"我想他一定是先走到走廊，然后再从正中的那扇门进入的。"罗埃长官说。

"可是，你不是说只离开了两三分钟吗？何况桑梯尼在隔壁房间内根本不可能看到你把金币放在了抽屉里，也不会晓得你把抽屉的钥匙落在了桌子上。何况你离开的时间又那么短，如此一来，他怎么可能偷走抽屉里的金币呢？"拿破仑反驳道。

"我想他是透过毛玻璃看到了一切。"

拿破仑没有再说话，只是朝着房间左边的门走了过去，他将脸贴近毛玻璃向左边房间内仔细望去，可是他只能隐隐地看见近处的东西，稍远一点就看不清了。拿破仑接着又走到左右两扇门前，伸手摸了摸门上的毛玻璃，他发现这两块毛玻璃的质地完全一样，都是一面光滑，一面不光滑。不过左边房门上毛玻璃的不光滑面在长官室里面，而右边房门上毛玻璃的不光滑面却在长官室的另一面，那一面正好是秘书室。

拿破仑见此冷笑一声，转过身指着门上的毛玻璃对罗埃长官说："请你过来看看，你会发现桑梯尼不可能从这块毛玻璃上看到你所做的一切，最值得怀疑的人不应该是桑梯尼，而是你的秘书。"于是羞愤的罗埃长官便叫来秘书进行质问，最后秘书终于承认金币是他偷的。

各位，拿破仑做出这种推断的依据是什么呢？

侦破提示：把破案的重点放在毛玻璃上。

谁杀死了他

侦破难度系数：★★★★　　　破案时间：12mins

侦探现场

　　李龙是某小型民营企业的董事长，由于经营不善，他的企业濒临破产。

　　一天，李龙一连失踪多日后，有人在郊外的一处别墅内发现了他的尸体。令其致死的原因，是他的喉咙被利器割断。

　　警方在接到报案后，马上就对该案进行了调查，在调查中他们了解到，李龙生前曾经购买了一份巨额的意外险，按照合同的规定，假如李龙意外死亡后，他的妻子将会获得一千万元的赔偿。

　　根据这条线索，细心的警方初步推断这是一起保险诈骗案，认为李龙为了让妻子获得巨额赔偿，自己才伪装成是被他杀的。可是，假如李龙是自杀，那么屋内也应该留有刀片之类的利器，然而在死者周边，警方经过数遍搜查，始终都没有找到任何作案利器。

　　正当警方对此束手无策之际，有一位细心的警员却在窗户边发现了一片羽毛，众警员细想想后，才恍然大悟。

　　那么，各位读者你们知道其中蕴涵的玄机吗？

侦破提示：留心注意那片羽毛。

棺材中的宝物

侦破难度系数：★★★★　　破案时间：12mins

侦探现场

　　唐朝武则天在位期间,曾经赐给女儿太平公主两大箱金银珠宝,太平公主十分喜欢,于是就把它们珍藏在自己的银库里。可是一年多以后,这些珍宝却被人盗窃一空。武则天知道后,大发雷霆地责令洛阳长史(州刺史的助手)必须要在三天内破案,不然严惩不贷;洛阳长史接到这个烫手山芋后,就命令下属的县官必须要在二天内破案,不然后果自负;县官们在接到这个棘手问题后,就命令捕役们务必要在一天内抓到盗贼,不然就不用回来了。

　　这些捕役见只有一天的破案时间,就唉声叹气地四处查访,无奈宫里都破不了的案子,自己怎么可能在一天之内解决,于是索性跑到了酒馆里喝酒。恰巧此时的湖州(今浙江省境内)别驾(官名,州刺史的副职)苏无名来到洛阳,他在酒馆中见这些捕役们唉声叹气,便问所谓何事。这些捕快见此人相貌不凡,言行举止间似有大智,于是问清苏无名来路后,便跪倒在地,求他帮忙侦破此案。

　　苏无名来到县衙后,县尉(县令的副职)看他身穿官服,便问："您是?"无名回答："我是湖州别驾,此番前来只是因为本人喜欢查一些疑难案件,所以在路上碰到你们的捕快后,就让他们带我来此了。"

　　县尉听他这么一说,大喜过望,急忙向他请教破案之道。苏无名详细询问案情后,便让县尉带他前去面见洛阳长史,见到长史后,他又与长史一同前去朝见武则天。武则天问他："你们这次进宫,是抓到了盗贼?"苏无名跪下回答道："目前还没有破获,不过陛下只要将该案全权交与臣下,那么臣保证会将盗贼们绳之以法,但是还请陛下把限期再放宽一些,并把这里的捕役都交给我指挥,我想用不了多少天,该案一定可破。"武则天想了想后,便点头答应下来。

不久后,到了传统的寒食节,苏无名一大早便命捕役们分头藏于东北城门处,告诉他们如果看到十几个身穿丧服的人出城前去北邙山墓地,必须立即报告。捕役们领命走后,不多一会儿,果然在东北城门处发现了十几个身穿丧服的人。捕役们悄悄地跟着这些人来到一座新坟,这些人哭哭啼啼地在坟前祭奠完后,又围绕着坟墓走了一圈,最后相视而笑。捕役们赶忙把这一切报告给苏无名,苏无名听后,高兴地说了句:"很好,破案就在今天!"随即,他命捕役们将这些人缉拿,之后挖掘坟墓、打开棺材。果然,太平公主被盗的金银珠宝都在棺材之中。

该案破后,苏无名上奏武则天,武则天高兴地夸奖苏无名能力过人,不但赐给了他许多财物,而且还给他连升两级。

侦破提示:把关注的重点放在寒食节人们需要出城祭拜祖先上。

证据从何而来

侦破难度系数:★★★★　　　破案时间:11mins

侦探现场

在一望无际的草原上,有一列火车正在飞速疾驶。

探长莫林坐在车厢里,百无聊赖地拿着一本小说打发旅途的寂寞。这时一个金发碧眼的女人突然从他的身边走了过去,并一不小心地撞了他一下。

莫林没有防备,手中的小说"啪"的一声掉在了地上,这个女人忙着伏下身,将小说捡起,递给莫林道:"很抱歉,先生,非常对不起!"按道理来说,莫林探长应该回答没有关系,可是他却怔住了:这女人好像在哪儿见过,怎

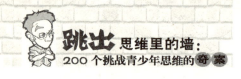

么这么面熟！就在莫林犹豫的一瞬间，那个女人朝着他打了一个飞吻，然后转身向着前面的车厢走去。

到底是在什么地方见过她呢？莫林苦思冥想，以往所接触过的女人一个一个地在她头脑里闪过。忽然，他意识到了什么：难不成是她？

之后，莫林装作若无其事的样子离开了座席，也朝着前面的车厢走去。他是要去找那个女人，不过让他失望了，查看完前面五节车厢后，就是没有找到那个女人。这时，正当他摇头走回自己所乘坐的那节车厢，推开厕所门进去时，门忽然一下被关上了。莫林先是一愣，然后定神一看，不禁暗暗吃了一惊，自己四处寻找的金发女人就站在自己面前！

"你喜欢我吗？"金发女人盯着莫林笑着说道。

莫林摇了摇头耸了耸肩。

"我长得这么漂亮，你不喜欢？不过我不管你是否喜欢我，你都要拿出钱来，要不然我立即出去喊人，说你非礼了我！"金发女人手握着门扶手，碧眼狡诈地紧盯着莫林那毫无表情的面孔。

"原来她是个诈骗犯！"莫林在紧张地思考着，想怎样才能抓住她的把柄。如果自己说没有钱，那么她就会要手腕上的金表；假如掏枪抓捕她，那么她会说自己是被威逼，反而会把事情弄得更棘手……

"快说，到底给不给钱？你是个哑巴呀！"金发女人眼里露出了凶狠、贪婪的目光。

想了半天，莫林突然灵光一闪，想出了一条妙计。很快，这个女诈骗犯就乖乖地跟着莫林走出了厕所。之后，在警察局里，这个女诈骗犯供认了自己是多起诈骗案的主谋。

请问，莫林探长用了什么样妙计成功地擒获那个女诈骗犯的呢？

侦破提示：从女诈骗犯最后说的那句话入手。

寻找嫁妆

侦破难度系数：★★★★★　　　破案时间：15mins

侦探现场

明朝万历年间，有一户姓张的富人家，养了一个宝贝女儿，长得十分乖巧伶俐。随着时间的推移，女儿渐渐长大，很快就到了出嫁年龄。

夫妻俩为了能给女儿找到一个好的婆家，于是四处托媒婆。一天，媒婆回话说，找到了一个家庭，这家也是一户富裕人家。张家就想，我们是有钱人家，女儿在出嫁的时候，嫁妆一定要有派头，万不能让婆家那边笑话。

结婚的日子很快便敲定了下来，在女儿出嫁前的那天晚上，张家连夜准备了丰厚的嫁妆，一箱箱名贵衣服、一条条绸缎被子，多得数也数不清。屋子里装不下，就把它们堆放在院子里，准备第二天再装上礼车。可是，第二天一大早，他们打开一个箱子后，发现里面竟然是空的，放在里面的衣服全都不见了，这些衣服都是女儿上轿前要穿的呀！

于是，他们就问每一个仆人，可是谁都说没有拿过，后来经过四下寻找，都没有找见衣服的踪影。无奈之下，张家只好到县府报案，并请求尽快抓到盗贼，以免影响女儿的婚礼。

县令听了案情后，面露难色，说道："在这个县城里有那么多人，如果要是一家一户查起来，那么也得好几天啊！"

这个时候，有一个叫做杨广的州官，正好前往该县探查民情。他在听说这件事后，就对张家夫妻俩说："放心吧，今天日落之前，我保证可以抓住他们！"

说完后，他就让文书写了一张公告，上面写着："昨日，城里有户人家被偷了一箱衣服，为了捉拿盗贼，明天上午各家各户务必待在家里，等候官府前来搜查。"公告写完后，他吩咐手下立即把告示张贴于大街小巷，最后他又

悄悄地对守城门的官兵叮嘱了几句。

日落之时，就在县城门口，守城的官兵抓住了那几个偷衣服的盗贼。

请问，杨广对看守城门的官兵说了些什么话呢？

> **侦破提示**：想想看，他们偷了一箱的衣服，如果抬着出门，那么就会很显眼。

同床异梦

侦破难度系数：★★★　　　破案时间：8mins

侦探现场

这一年春天，陈先生和他的妻子为了避债来到了一座小镇——丽城。

然而，不幸的事情发生了，陈先生被匪徒绑架了。

匪徒告诉陈太太必须给他100万美元，并且要到小镇上唯一的银行提款，还扬言如果她要报警，那么就会杀了陈先生。

陈太太非常惊恐，她从家里出来后，径直去了银行，她想在银行把早已写好的报案纸条交给银行经理。可是，在她来到银行后，发现周围有好几名假扮成顾客的匪徒正在监视着她，于是就不敢把口袋里的纸条交给银行经理。

她在取款过程中一直望着银行经理，不断给他递眼色，想要提示他去报警。可是这个经理看了看她，毫不在意地顺利替她办完了取款的一切手续。

等银行职员把100万美元交给陈太太后，她的手机刚好响了起来，这是绑匪打过来的，令她把这笔巨款放在银行门前的垃圾箱里。

陈太太把钱放入垃圾箱后，绑匪又告诉她，说她的丈夫目前正在五公里外的一座小镇上等她。陈太太找到丈夫后，立即报了警。

最后，警员们在银行门前的垃圾箱内找到了所有的钱。这就奇怪了，既然巨款是匪徒们要求放在那个地方的,那么他们在得手后,为什么又没有去取这笔巨款呢?

各位读者,你们知道吗?

侦破提示:分析"绑匪"的种种行为,找出真正的"绑徒"。

一则漏写的悬赏启事

侦破难度系数:★★　　　破案时间:5mins

侦探现场

这会儿,乔汉医生正满面愁云地在看一份报纸。在这份报纸上,有他让仆人阿华登的一则寻找怀表启事。

乔汉医生也搞不清楚自己那块怀表是在什么时候丢的,这块怀表是他去世的爷爷留下的,虽然不值钱,但是对他来说却价值千金。

报纸把这则启事登在中缝,标题为:捡到怀表并归还者有重赏。正文如下:"此怀表是祖传遗物,现悬赏500美元,还望有消息者能尽快告知,登广告者LMD361信箱。"

乔汉看着这则启事,越看越来气,他站起身冲着门外正在花园里干活的仆人阿华叫道:"你这个混蛋,给我进来一下!"

就在这个时候,门铃突然急切地响了起来,仆人阿华连忙跑过去开门。敲门的是一名绅士,乔汉让阿华将他请了进来,这名绅士向乔汉恭恭敬敬地鞠了一个躬,说道:"我叫布什,是为那则怀表启事来的,请问这块怀表是您的吗?"说着这个人就从怀里掏出了乔汉丢失的那块怀表。

仆人阿华没有想到自己向报纸刊载的那则启事还真起了作用,于是就用激动的眼神望着主人乔汉。

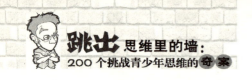
可是乔汉脸上却显得异常镇定，他冲着来人冷冷地说："哟，还真是我的怀表，我可真要好好地谢谢你。不过，我想问一下，你是在什么地方捡到的呢？"

这名绅士回答："哦，我忘了说了，这块表不是我捡到的。今天我在车站的时候，正巧看到一个小男孩在兜售，我见十分好看就用 5 美元买了下来。后来，我从报纸上看到了您所刊载的那份寻物启事，就赶紧送了过来……"

乔汉没等他说完，就向仆人阿华使了个眼色，两人一起把这个绅士给扭送到了警察局。最后，这个绅士老实地交代了自己是在半夜的时候，潜进乔汉的家里偷走了怀表。

那么，乔汉是从什么地方发现破绽的呢？

侦破提示：答案很简单，只要好好看下那份寻物启事就可以了。

跳崖者的太阳镜

侦破难度系数：★★★　　　破案时间：6mins

侦探现场

这一天，警方接到一起报案，报案的人说在海边的悬崖下发现一具男性尸体。

于是，探长罗克马上带着精明强干的助手赶到了现场。他们在现场，看到那具男尸是趴在悬崖下的碎石堆上，全身上下血迹斑斑。

死者只穿了一件大衣，有一只脚穿了一只鞋子，而另一只脚却裸露着。在他的鼻梁上，还架着一副完好无损的太阳镜，旁边陡峭的悬崖看样子足有三十多米高。

正在这时,闻讯赶来的死者家属向罗克探长说,死者虽然最近做生意失败,但是他内心却非常的坚强,并且这也不是他第一次做生意失败,像他这样的人是绝对不可能选择死亡来逃避现实的。

可是,探长所带的助手们在仔细勘察地形及现场后,都做出了一致结论,那就是——这是一桩自杀案。

罗克探长凭直觉,认为这似乎有些不像自杀,但是一时也拿不出什么确凿的证据来。于是,他就亲自仔细地观察尸体以及周边的环境。突然,罗克探长大叫一声,大声说道:"这肯定不是自杀案,是谋杀案!这具尸体是被人从别处搬运过来,然后再放在这里的,这些人想把死者伪装成是自杀!"

围观的人们及探长助手在听到他这样一说后,都怔怔地望着他,心中充满了不解。

试问,罗克探长究竟发现了什么?他为什么会如此肯定地说这不是一起自杀案呢?

侦破提示:答案就在文中,只要细心一点就可以找到。

无影凶手

侦破难度系数:★★★★　　　破案时间:10mins

侦探现场

在墨绿山庄古老的两层公寓里,只有一个值夜班的女人。

小芝住在公寓二层的九号房间里,有一天半夜 11 点半,她在回来的时候,听到对面八号房间里有一阵像是把饭桌弄倒和餐具滚落在地的声音。

这个八号房间是梅子的房间,小芝心想,梅子应该又像往常一样与人吵架了。可是,让她感到奇怪的是,她并没有听到有争吵的声音。于是,小芝

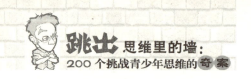
就竖起耳朵仔细听着,这时她似乎听到有人在喊:"来人救命……救命啊!"这是一种难以听清的低沉沉呻吟声。小芝听到呻吟声后,迅速敲响了八号房间的房门,可是却没有人应答,房门是锁着的。

就在这时,一层四号房间的婷婷走了上来。她对小芝说:"我听到梅子房间里传出的奇怪声音以及与平常不一样的争吵声。"

婷婷是梅子的表妹,她的房间正位于八号房间的下面。小芝回答说:"是啊,我也听到了,不过我敲门后,却没有应答。"

这时婷婷有些急了起来,她说:"会不会出了什么问题?"

小芝说:"不知道,不过看情形人应该还在房间里,因为我没有看到有人出来。"于是二人又把耳朵贴在门上,想听听里面究竟发生了什么事,然而房间还是什么声音都没有。

"住在一层的只有我一个人,我现在就去叫房东。"婷婷说完后,就"噔噔"地跑下了楼。

公寓的房东就住在附近,他在接到婷婷的通知后,立即赶了过来。他拿出预备的钥匙打开房门,三人走进屋里一看,只见屋内饭桌倒在地上,茶碗和其他器具打碎散落一地。在茶色的衣柜旁,梅子横躺着被人勒死在地,不过房间内并没有发现凶手的影子。

"嗯,真是奇怪,凶手到底是从哪里逃走的?我不但听到了饭桌滚翻的声音,而且还听到其他的奇怪声响,可是并没有谁从房间里出来过呀?"小芝疑惑地说。

三个人面面相觑,都感到不可思议。这时,婷婷说了句:"不会是从窗户跳下去了吧?"

房东马上打开窗户,这个窗户下面是绝壁悬崖,任何人都不可能从这里跳下去逃走。

不过,在房子的外墙上有一个排水的铁皮管子直通楼底。这个排水管锈迹斑斑,四处都是漏洞。由于排水管漏水,墙皮大多都已脱落。

婷婷说:"假如凶手是从窗户跳下去的话,那么我在下面的房间里,一定会发现的。"

三个人又去查看壁橱,也没有发现任何疑点。

那么,勒死梅子的凶手究竟是谁,又是从什么地方逃走的呢?

侦破提示:把破案的重点放在排水管上。

不翼而飞的大钻石

侦破难度系数:★★★★　　破案时间:7mins

侦探现场

有一个大富翁名叫哈尔,他无意中得到一颗价值连城的大钻石,于是就常常向人炫耀,因此吸引了很多人到他家里来参观。

随着参观的人越来越多,为了安全和美观起见,哈尔就特意地把钻石放在了一个很大的窄口玻璃瓶内。

这个玻璃瓶自身重一百多斤,普通人想把它搬走是一件非常不容易的事,况且在这个放钻石的房间里,又被哈尔装上了大量的防盗警报,一旦有人移动玻璃瓶,那么警报系统就会发出刺耳的叫声。

这一天晚上,哈尔从外面聚会回来,等他走进放钻石的房间一看,不禁大惊失色——玻璃瓶安安稳稳地仍然放在那儿,可是里面的那颗大钻石却竟然不翼而飞了!

气急败坏的哈尔急忙报了警,不久后警察就赶了过来。经过一番详细的调查,在哈尔外出后,该房间只有 3 个人先后进来过。

这 3 个人一个是负责清洁地毯的工人,另一个是管家,最后一个是守卫。

最后,警察经过耐心寻查,终于在这 3 人之中,找出了真正的小偷。

那么,各位读者,谁能够在不移动玻璃瓶的情况下,把那颗大钻石偷走呢?

侦破提示:把注意力集中在这三个人身上,细细想一下他们的工作。

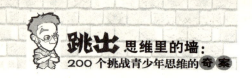
灵验的诅咒

侦破难度系数：★★★★   破案时间：12mins

侦探现场

　　狄克是一家大银行的区域经理，他有非常强的时间观念，在身上总是戴着一只手表以及一只怀表，经常要拿出来对对时间。

　　这一天，狄克家来了一位客人，他们相谈非常投机，在家中还有狄克的侄子。狄克和客人因为相谈甚欢，以至夜已经很深了，都没有发现。最后，客人见天色太晚，不得不起身告辞，在即将临辞时，狄克把侄子叫上了二楼。

　　事后，据他侄子说，当时是伯父忘了打开窗子，所以让他把窗户上下各打开约1英寸。

　　最后，客人和他侄子一同离开了。当时，狄克的侄子因为喝了一点酒，又加上平日积攒的矛盾，狄克侄子走到客人放在门外的汽车边后，就愤怒地向客人借了一把手枪。

　　客人料想要出事，于是就跟着狄克的侄子一同回去，可是这时的门已被反锁，狄克的侄子见进不去，就非常生气地用手中的枪朝空中开了一枪，并且大叫道："伯父，你再不开门，就在楼梯上摔死得了！"

　　可是，狄克始终没有开门，狄克的侄子无奈之下只得到客人家住了一晚。

　　次日清晨，狄克家的钟点工发现狄克摔死在了楼梯上。这个楼梯上的地板非常的不平，很显然狄克是因此掉下来摔死的。狄克的右手拿着一块快了1个小时的怀表，不过左手上的手表却摔坏了，指针指向12点，这正是他侄子在外叫喊他的时候。

　　难道狄克的侄子真得会诅咒术？很显然，这是不可能的。

　　那么请问，狄克究竟是怎么被摔死的呢？

> 侦破提示：死者狄克的表是破案的关键。

好心办了坏事

侦破难度系数：★★★★　　　破案时间：14mins

侦探现场

西汉末年，有一个叫做张平的河北人，只身一人来到山东郓州谋生。他老家的一个远房侄子张胜，经常过来看望他。

有一天，张平的邻居们觉得有很长时间都没有见过他，于是便结伴前来寻找。他们来到张平屋前，喊了几声后见无人应声，大家就推门进去。进去后，众人顿时呆住了——张平的尸体横躺在床上，头部被人割了，床上血淋淋一片。大家伙看到张平被杀，顿时慌作一团，谁也不知该如何是好。

这时，有位年纪比较大的人提议说："看情形人已经死了好几天，凶手怕是早已跑了，现在告官非但没用，而且还会给大家惹上麻烦，索性就把他给埋了，也算积些阴德。"于是，大家伙就凑了点钱，按当地风俗把张平下葬了。

可是几天后，张胜前来看望叔叔，左找右找也不见张平，就到乡邻中四处打听。邻居们怕他得知叔叔被害，会告官牵连他们，就骗他说："你叔叔得急病死了，我们已经把他给下葬了。"

张胜一听，仰天号啕大哭泪如雨下，乡邻们纷纷劝慰他。之后，张胜便买了些纸钱，来到张平坟前进行祭奠。

次日，张胜告别众人返回家乡。可是，大概过了半个月，张胜又回来了。这回他带了些钱，摆了几桌酒席，宴请当日为张平操办丧事的"好心"邻居们。

饭桌上，张胜首先感谢众人安葬叔叔的大恩大德，表示自己没齿难忘。接着他鼻子一酸，泪流满面哭着说："我叔叔孤身一人在外多年，如今客死郓州，孤魂野鬼的也没家人祭祀，现在我想把他的尸骨移回到家乡安葬，让他在那边也可以安心。今天我略备薄酒，还望众位能够多多帮忙。"

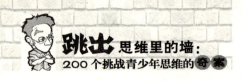

说完后，张胜又问众人："你们知不知道叔父临死时穿的是什么样的衣服？我想亲自看看，实在不行的话，那我就给叔父重新做一套新衣服，免得我把叔叔的尸骨带回去后，长辈们骂我不孝。"

众人一看张胜要开棺，心想这下坏了，如果张胜看到他叔叔是被人杀死的，那麻烦可就大了。于是，众人纷纷劝说张胜，让他不要开棺，免得打扰死者安息。无奈，张胜执意开棺，众人没有办法，只得将棺材凿开。

果然，张胜看到叔叔的头不在棺材里，便大喊大叫非要告官。众邻居们心想，事情已经过去了这么多天，如果官府找不到凶手，那么在场的人怕是百口莫辩了。众人都想息事宁人，就说愿意凑点儿钱给张胜，只是不要告官就行。张胜一听，板着脸开口就要50两银子，众人都是平苦人家，哪有这么多的银子，不得已只好让张胜告到了县里。

这个县令原是个昏官，他把当日在场的众人都叫来问了半天也问不出个所以然，一怒之下便大刑伺候。众人们受不了酷刑，被迫招供说是合谋杀害了张平。虽然这个县令比较昏庸，但是也知道罪证确凿才可以结案，就让他们交出张平的首级，众人们哪有张平的首级，于是此案又被拖了下来。

过了几月，这位县官被调任，该县又来了另一位姓杜的县令。这个杜县令可是一位清官，他上任后便翻阅往日案卷，在看到该案后，觉得此案疑点众多，于是就决定重新提审。

众邻居被押到大堂后，杜县令问道："你们是如何知道死者是张平本人？"众人回答说："当时，我们见死者的身上穿的衣服是张平的，所以就认为死者是张平。"

杜县令又问他们："除衣服以外，你们是否还发现其他与张平同样的特征？"众人纷纷摇头说没有。

杜县令想了下，脸色一沉，惊堂木"啪"地一拍，怒喝道："此案今日可以了结了，凶手就在堂下……"说完后，杜知县看了看张胜，大声呵斥道："好你个大胆刁民，竟敢欺骗本官欺诈乡里。你一向家贫如洗，哪里有钱请乡邻吃酒？还有，你为什么要移葬你叔父？肯定是你事先已经知道棺材里是无头尸，故而才坚持开棺以达到敲诈钱财的目的。今天，你若不从实招来，那就别怪本官大刑伺候了!"

张胜吓得连连磕头,哆哆嗦嗦地说:"大人别用刑,小的交代,小的交代!"

各位,这一切究竟是怎么回事?凶手到底是谁?

> **侦破提示**:把重点放在无头尸体上。

葡萄架下的晚餐

侦破难度系数:★★★★　　破案时间:7mins

侦探现场

清朝光绪年间,某州县有个叫陈贵的小商贩,他有一个年迈的老母亲和一个漂亮贤惠的妻子如花。

这一年夏天,陈贵出门做生意发了财后,就高高兴兴地回到了家里。如花看见丈夫在外辛苦,为了犒劳他就杀鸡备酒,傍晚时分全家人围坐在葡萄架下享用了晚餐。

吃饱喝足后,如花见丈夫连日操劳、眼窝深陷,于是心疼地劝他早点歇息。谁想到陈贵刚刚躺下不久,就在床上四处翻滚大喊肚子疼,如花急得正要去找大夫,可是陈贵不一会儿便气绝身亡。

看到面色紫青、口吐白沫的丈夫,如花一下扑在他的身上,哭得死去活来。次日,有人把这起案件上报了县衙。

县令一看出了人命案,就立即带人来到陈家检验尸体,检查的结果是陈贵中毒而死。县令看了看如花,冷冷地向她询问昨天晚上吃饭时的情况。如花据实禀告,可是县令却一点儿也不相信,认定如花是趁丈夫不在家时与他人私通,丈夫在回来后于是就投毒害命。

之后,如花被县令命人押到了县衙,正襟危坐的县令把惊堂木朝着案

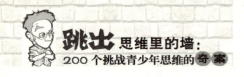

上一拍，朝堂下的如花大声喝道："你是与何人私通，赶快招来？"

如花吓得面色惨白，哭着喊冤："小女子乃良家妇人，没有与任何人私通！"

"那么，你是如何害死陈贵的呢？"

"我平日与陈贵恩恩爱爱，怎么可能对他下此毒手呢？"

这个县令看如花没有如他所愿招供，狠狠地说："我看不动严刑你是不会招的，来人啊，给我大刑伺候！"左右几个差人便将如花按在大堂上，用威堂棒将她打得皮开肉绽。

最后，如花实在受刑不过，只得哭着说："别打了，别打了，我招，我招！"

县令看到如花说要招供，松了一口气问道："说吧，你是与何人进行私通？"

"我……我是与陈贵的堂弟陈杰私通。"

"那么，你是如何将陈贵害死的？"

"我……我是在酒里下了砒霜。"

这个县令听完后，又派人将陈杰抓了回来，经过一番严刑逼供，陈杰不得已也屈打成招了。不久后，如花和陈杰便被定了死罪，他们在被押往刑场时，如花这时才悔恨万分。她想自己含冤前往黄泉也就算了，可是又连累了无辜的陈杰。就在行刑时，她不顾一切地大声呼喊"冤枉"，然而事已至此她和陈杰还是被砍了头。

他们被行刑后，众多的亲朋好友纷纷递状上告，为他们进行鸣冤叫屈。这一天，有一个清瘦的老头儿来到陈贵家里。

这个老头儿向陈贵的母亲讨了口水，然后向她问道："你们家的事儿已经传遍了各个乡镇，不过我有一个问题总是没有弄明白，不知当问不当问？"

"哦，那么请问吧！人都已经死了，还有什么可以瞒人的事啊！"

"嗯，我想问的是，那天你们三个人是一起吃的饭，可是为什么唯独你儿子中毒了呢？"

"是啊，对于这件事我也感到奇怪。在儿子死后，我也曾不想活了，听说媳妇是在酒里下毒药后，我就把剩下的半瓶酒都给喝了，可是我一点事也没有！"

这个老头儿听后,眉头一皱细想了一会儿,又问:"那天你们吃的是什么饭?"

"媳妇做的白米饭!"

"那么菜呢?"

"鸡……"这时老太婆忽然想了起来,接着说,"哦,对了,那天只有我儿子吃了鸡。"

"为什么只有你儿子吃了鸡?"

"因为那天正巧是我和媳妇的忌口日,所以我们只吃了一些素菜,整只鸡都让我儿子给吃了。"

听到这里,这个老头儿似乎明白了什么,"噢"的一声告辞而去。

不一会儿,这个老头儿再次来到了陈家,这次他换了一身官服,原来他正是巡抚寇安。他因为接到百姓的诉状,亦觉此事非常蹊跷,所以才微服来到陈家进行私访。

他带着众人来到陈家葡萄架下后,喊了一声:"拿上来!"

这时,有个差人端上了一个热气腾腾的大盘子,里面是一只肥嫩的清蒸鸡。盘子被放到了葡萄架下后,香气四溢,不由得让人口生津液。

寇安静静地在一旁坐着,围观的群众谁也不知他究竟想要干什么?

这时,葡萄架上突然飘下了一缕不易被肉眼察觉的细丝,一直落到盛鸡的盘子里。寇安看到后,站起身来,用筷子撕下一块鸡肉,扔到了地上。陈家那条看门狗闻到鸡肉味后,赶紧猛扑上来,几下就把鸡肉给吃掉了,只一会儿这条狗只是"哼哼"两声就倒地毙命。

"真是个糊涂的昏官,误了人命!"寇安脸上露出痛心神色。

很显然,寇安已经查清了如花是含冤而死的,不过陈贵的死因究竟是什么呢?

各位读者,你们知道陈贵是怎么死的吗?

侦破提示:仔细想想巡府寇安为何要把香气四溢的鸡肉放在葡萄架下。

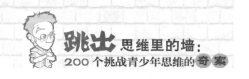
赎金跑哪儿去了

侦破难度系数：★★★　　　破案时间：10mins

侦 探 现 场

一天，某银行董事长的儿子遭到绑架，绑匪向他索要 30 万美元的赎金。

后来，绑匪又打电话给受害人的家属说："现在，你们把钱放在手提箱里，在今晚 9 点钟时放到火车站 22 号寄物箱内。这个寄物箱的钥匙就放在旁边公用电话亭的架子下面，被用胶布粘着。你们把手提箱放进寄物箱里后，再将钥匙放回到原处。"

救子心切的董事长只好答应了绑匪的要求，不过，他还是秘密地叫人报了警。

之后，董事长便将 30 万美元装进了手提箱，并于晚上 9 点赶到了火车站。当时，在寄物箱附近，已经有数名警察正在秘密监视。

这名董事长很快就找到了钥匙，他把寄物箱打开后，就把手提箱放了进去。做完这一切，他又将寄物箱重新锁好，然后再把钥匙放回到原处，便驾车离开了。

寄物箱的四周布满了警察，可是直到天亮，都没有人前来打开这个寄物箱。次日的中午，这名董事长接到了绑匪的电话："嗯，30 万美元已经收到了，你还算比较识相，今晚你的儿子就可以回家了。"

这个董事长马上向警方报告了这个情况，警察疑惑地立即打开了 22 号寄物箱。那个手提箱虽然还在，但是里面的 30 万美元已经不见了踪迹。

奇怪，各位读者你们知道绑匪是怎样把钱取走的吗？

> **侦破提示**：寄物箱距离墙的距离为 20 米。

案发现场的神秘印迹

侦破难度系数：★★★　　　**破案时间：7mins**

侦探现场

有一个人闲来无事，便去离家不远的公园散步，突然他发现公园空地上躺着一具绅士模样的中年男子尸体，在他的脖颈上还插着一把匕首。

正巧，这个时候有一名巡逻的警官骑着自行车路过这里，就向公园的值班民警报了案。

不久后，验尸官赶到了这里，他验完尸体站起身环顾四周说："从尸体僵硬的程度看，死者被害的时间应该是昨天深夜。他口袋里的现金没有被取，所以不像是抢劫作案……不过真是奇怪，现场四周怎么没有罪犯的脚印呢？"

众警员纷纷四下搜寻，果然这片空地上除了被害人以及在场人的脚印外，再没有发现其他人的脚印。

就在前一天的中午，这里还下了一场雷阵雨，地面又湿又软，死者的脚印清清楚楚地留在了地上。可是，让人非常奇怪的是，这里没有第二个人的脚印，只有像棍子尖部的点点痕迹，这条痕迹从铺着沙石的便道一直通往尸体边。

"这个痕迹有些像高跷的印迹，罪犯会不会踩着高跷杀死了被害人呢？"有位警员看着地面猜测着说。

另一名警员反驳说："应该不会，如果是踩着高跷行凶的话，那么被害人是不会那么轻易就让他给杀了的。"

"没错啊……那么，这些奇怪的痕迹，或许是下雨过后，孩子们踩着高跷出来玩耍时留下的。"

那么，凶手到底是用什么手段隐藏了自己足迹的呢？

> **侦破提示：**破案重心应该放在那些点点的痕迹上，好好想想还有什么可能产生如此印迹。

杯子里的冰块

侦破难度系数：★★★　　破案时间：7mins

侦探现场

有个心理学家名叫田村，他是一个非常有发展潜力的学者，目前在一所大学教书。

他为了研究学问，曾经当众发誓说此生绝对不会结婚，所以去他家做客的人们都会发现，在他家除了一个负责照顾他饮食起居的女佣人外，陪伴他的就全部都是书籍和各种手稿了。

这一天，正是该校心理学系成立30周年的大好日子，大家都在忙碌为即将开始的系庆做着准备。下午时分，学校领导、系领导等顶着炎炎烈日草草结束了讲话，轮到田村时，众人却怎么也找不到他的身影。

心理系召开校庆，不能缺少田村这样一个资深学者。于是，校长立即派人前去田村家里找他。来人赶到田村家后，却发现田村已死在了家里。

这个人非常的慌乱，可是他还是拨通了警局的电话。警长雷恩立即带着几名助手赶到了现场，雷恩查看完现场后，当即对田村的女佣进行了传讯。

女佣一边哭一边对雷恩说："大约在两小时之前，在卧室看书的田村先生让我给了他一杯加冰的威士忌。我把加冰的威士忌送给他后，他又让我将浴盆放满水，说等会自己要洗澡。我刚要出去给他放洗澡水，他又将我叫住，说自己洗完澡后还要再睡一会儿，让我在两个小时以后叫醒他，说自己要参加系里的庆祝活动。两个小时以后，我准时敲响了他的门，在敲了很久以后，我见他没有反应，于是只好打开了他的卧室。在那个时候，我才看到他倒卧在地口吐白沫，不省人事了。"

雷恩听完女佣人的述说后，凝眉细想一会儿，走到田村卧室的床边，伸手拿起了放在床边桌子上的酒杯。这个酒杯就是女佣人给田村倒的那杯加冰威士忌,在这个酒杯里,除了有一些冰块,还有一些安眠药。

从现场的情形看,田村似乎是自杀而死,但是雷恩警长却认定这是一桩谋杀案,而且凶手就是女佣人。

各位,雷恩警长为什么认定女佣人就是凶手呢?

侦破提示:请注意酒杯里的物体。

一张关键的相片

侦破难度系数:★★★　　　破案时间:4mins

侦探现场

警长兰克利用周末带着妻子和儿子前往伦敦市内的一处公园游玩,上午9点,原本晴空万里的天空突然下起了瓢泼大雨,警长兰克就带着妻儿赶紧跑到一处亭子里躲雨。

一个多小时后,雨终于停了下来,他们正要继续游玩时,兰克的手机突然响了起来。警长接了手机后,里面传出了助手纳英小姐急切的声音:"是兰克警长吗?阿尔加小区发生了一起杀人案,局长让您赶快前往现场进行调查。"

"哦,好吧!"尽职的兰克放下手机后,习惯性地看了看时间,这时正是10点整。

阿尔加小区距离伦敦有30千米,兰克警长开车到了现场后,看到被害人是名70岁的老太太。在场的法医告诉兰克,被害人是上午9点30分被害的。兰克仔细检查一遍现场后,没有发现任何的线索,于是兰克就向死者的邻居进行了询问。他了解到死者很早时候就死了丈夫,且膝下无子,目前独居。虽然她一个人比较寂寞,但是由于丈夫在生前留下了不少财产,所以

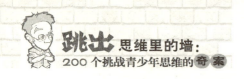

也不愁吃不愁穿。死者在生前与周围的邻居没有什么交往，她只有一个侄子——哈克，现在住在伦敦市内。

为了弄清死者的亲属关系，兰克立即赶回了警察局。他在市民档案簿里查到了哈克的资料，上面这样写着："哈克，28 岁，单身，一家电器公司的销售员，无犯罪史……"兰克合上哈克的档案，细想了一会儿后，就让女警官纳英小姐传讯哈克。不一会儿，哈克便来到了警察局。兰克问他："年轻人，你知不知道你的姑妈被人给杀害了？"

"警官先生，这件事我已经知道了，请您一定要早日破案，为我姑妈报仇！"哈克说着眼睛便红了起来，显得十分伤心的样子。

这时，兰克又问："凶杀案发生时，你在什么地方？"

哈克看了看兰克，便从外衣的口袋里拿出一张相片递了过来，他说："在凶杀案发生的时候，我正在伦敦市内的一处公园游玩。这张相片就是那个时候我拍的，照片中纪念塔上的时钟正好指向 10 点整。"

兰克看了看相片，哈克站在阳光下显得非常精神。

这时，兰克突然笑了起来，他说："年轻人，你这点小聪明是逃不过我的眼睛的，你就是杀人凶手。你自作聪明地想用 10 点不在场的证据，骗过我们，可是这恰恰证明了你正是杀人凶手。"

在经过进一步的审讯后，哈克最终承认自己是为了占有姑妈的财产，才蓄意制造出了这起谋杀案。

各位读者，你们知道兰克警长是如何识破哈克的谎言的吗？

侦破提示：把破案的重点放在 10 点的时候。

大钟的密码

侦破难度系数：★★★★　　破案时间：9mins

侦探现场

第二次世界大战期间，有一名非常出色的德国女间谍——乔丽娜，她奉命搜集法国的机密情报。

法国的雷丹将军是一名军方要人，乔丽娜在一次公开会中与雷丹将军相识，并且还成为了他的好友。

这个乔丽娜知道雷丹将军经常会把政府的重要文件带回家，并且将其锁在保险箱内。于是，就在某一天，乔丽娜来到雷丹将军家做客。她趁雷丹将军不备，偷偷地在酒中放了安眠药，雷丹将军喝完酒后，很快便鼾声四起。

乔丽娜看时机成熟，立即起身进入将军的书房。当时已经是深夜近两点，保险箱就放在一座古老的柜式大钟旁边，这个古老的大钟因为坏了，指针指向 9 点 35 分 15 秒。乔丽娜由于不知道保险箱的密码心里非常着急，这个保险箱的密码是由六位数字组成，可是若按排列组合方式开启，那么就过于耗费时间。

忽然，乔丽娜想起雷丹将军是一位非常健忘的人，因此保险箱密码他一定会记在手册或备忘录上，可是乔丽娜找遍整间书房，也没有发现密码的踪迹。正在她感到失望之际，猛然看到了一样东西，她大叫一声："是的，这一定是六位数字的密码！"

之后，乔丽娜果然成功地用这组密码打开了保险箱。那么，乔丽娜到底是根据什么找到密码的呢？

侦破提示：把破案的重心放在大钟上。

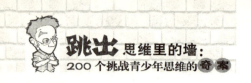

耐旱的名贵瑞香

侦破难度系数:★★★   破案时间:8mins

侦探现场

　　有一种十分稀奇名贵的灌木植物,名叫瑞香。爱玛太太非常喜欢这种花,她花了很多年时间,终于种植成功,这棵瑞香由此成了爱玛太太最心爱的宝贝。这种植物可以开出美丽至极的花朵,由于其非常耐旱,因而特别适合在爱玛太太所住的当地种植。

　　前段时间,爱玛太太要外出度假一个月,不过让她头疼不已的是,若是外出度假,那么自己的花园就无人照料了。最后她决定请同事卡兰小姐帮忙,她告诉卡兰小姐花园中有一棵她最喜欢的瑞香,需要特别的当心。

　　一个月后,爱玛太太度假归来,当她进入自己的花园后,展现在她眼前的一幕让她痛心不已——名贵的瑞香不翼而飞了。这时,她的同事卡兰小姐来到了她家,在看到这一幕后,劝说她赶紧报警。

　　警察赶到后,卡兰小姐告诉警察,一定是有人偷走了它们,因为在前一天晚上她还在花园里看到了完好无损的瑞香。爱玛太太站在一旁没有说话,卡兰小姐继续对警察说道,在这一个月里,她每天都在照料这些植物,并且每天都会给瑞香浇水,可能是由于自己照料得好,瑞香比以前长得更漂亮,以至于引起了坏人的注意。

　　就在这时,爱玛太太当即打断了她的话,对警察说:"卡兰小姐在撒谎,你们需要仔细审问她。"

　　请问,爱玛太太为什么会如此肯定卡兰小姐在说谎呢?

侦破提示:此案有些难度,不过对于熟知植物的人就非常简单了。

救命的壁钟

侦破难度系数：★★★★　　　破案时间：12mins

侦探现场

艾比是一名非常优秀的特工，他被敌方反间谍情报部门列为头号的"眼中钉肉中刺"，曾经遭到过数次神秘的暗杀，不过他却凭借着自己的机智勇敢，一次次地躲过了危险刺杀。有一次，敌国反间谍情报部门得知艾比目前正在海边度假，就派出本国最老练也是最出色的杀手托夫斯基暗杀艾比。

他们相信这次一定可以暗杀掉艾比，而托夫斯基也对自己的能力非常自信，他相信自己这次一定可以圆满地完成任务。

很快，托夫斯基凭着众多的情报顺利地找到了艾比。在秘密跟踪艾比三天后，托夫斯基也搬到了艾比所住的酒店，并且在艾比房间的对面住了下来。

这一天，托夫斯基决定动手，他悄悄地将自己的手枪装上消声器，然后在傍晚时分，偷偷地用万能钥匙打开了艾比所住的房间。他潜进房间后，抬头看了看墙上的大钟，现在距离艾比回来大约还有一个钟头的时间。于是，他开亮电灯走进了艾比的卧室，开始仔细地搜查起房间里的物品。搜查一番后，托夫斯基并没有发现什么有价值的东西，于是托夫斯基就把电灯熄灭，独自静静地待在昏暗的卧室里等待艾比的归来。

15分钟后，遵守时间的艾比来到了自己房门前。听艾比的脚步声似乎有些不稳，像是喝醉酒了一般。这时，艾比打开了房门，走进大厅里时，他似乎有些迟疑了一下。接着，躲在卧室里的托夫斯基看到一个黑影扑了进来，于是立即朝着这个黑影开枪，非常准确地击中了这个物体。

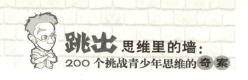

托夫斯基正要暗自高兴，谁知这时他又听到了另一声枪响，接着自己的胸前传来一阵剧痛，他"扑"地一下栽倒在地上。这时，艾比把房间的灯全部打开，冷笑着走近躺在地上的托夫斯基，冷冷地对他说："非常抱歉，刚刚冲进来的是我的衣服，我打开房门时就已经知道房间里有人来过了。"

托夫斯基痛苦地捂着胸部，大声地问道："你……你……你怎么知道有人来过这里？"

艾比指了指客厅中央正对着房门的大钟说："你非常的不走运，假如你不开灯的话，那么现在躺在这里的就是我了。"

各位读者，你们知道艾比为什么会这么说吗？

侦破提示：大家都玩过荧光棒吧，呵呵，好好想一下。

谁偷了古书

侦破难度系数：★★★　　　破案时间：7mins

侦探现场

这天下午，肯尼警长处理完一些杂事准备下班时，他办公室的电话铃声焦急地响了起来。肯尼警长接过电话后，只听对方在电话里上气不接下气地说："警长，我是劳瑞，你快点来我家看看，就在刚刚我家被盗了，你快点过来吧……"

肯尼长年在这片地区工作，这里多数居民的情况他都了如指掌。肯尼记得，这个劳瑞是博物馆研究员，他原先住在中央大街，那里都是别墅群，住的都是一些有名望的人。

可是后来，劳瑞似乎遇上了什么麻烦，经济似乎变得有些紧张，于是他就把别墅卖了，搬到附近条件比较差的公寓楼。虽然公寓楼条件不好，但是劳瑞没有结婚,所以他一个人住也是绰绰有余了。

　　等肯尼警长赶到劳瑞家时,他看到劳瑞此刻正在门口等他。肯尼拍了拍劳瑞的肩膀,一边安慰他一边走进了客厅。劳瑞坐下后,哭丧着脸对肯尼警长说:"哎,今天我因为有些事,所以提早回了家,可是回来后发现门锁被人打开了,于是我就推门进去。正在这时,突然有一个人向我冲了出来,他的手里还拿着一本书。当时我想把他抓住,可是他的力气太大,几下挣脱我后就逃到了大街上,然后穿过马路不见了。我见这个人没了踪迹,只好在门口的电话亭给你打了个电话。"

　　"您有没有检查过家里,还有没有丢失别的物品?"肯尼警长问他。

　　"我都没有进过房间,当时我打完电话后,就守在这里保护着现场。"劳瑞捂着脸说。

　　肯尼警长有些奇怪,他又问:"那么,只丢了一本书,值得让您这么着急吗?"

　　劳瑞沮丧地说:"哎,尊敬的警长先生,你是不知道,这本书可不是平常的书,它在世间仅有一本,目前的市价约有 20 多万!平常的时候我都把它锁在楼上书房的书柜里,谁想到这个该死的小偷太狡猾了,竟然带着撬门的工具,拆开书柜的门,将我那本最心爱的书给偷走了。"

　　后来,肯尼警长和劳瑞一同上了楼,书柜的门锁果然被拆了下来。

　　肯尼警长转身看了看劳瑞,问:"那本书您是不是买了保险?"

　　这时,劳瑞的神情变得有些紧张,嗫嗫嚅嚅地说:"我……我买了……可是……"

　　这时,肯尼警长却笑了起来:"劳瑞先生,您就别演戏了,那本书是您自己藏起来的,想骗保费你也弄些高招呀!"

　　那么,肯尼警长是如何断定出劳瑞在说谎的呢?

　　侦破提示:从劳瑞所说的话里寻找答案。

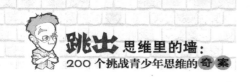

起火的吉普车

侦破难度系数：★★★　　　破案时间：9mins

侦探现场

　　凯里是一名超级大间谍。这一天的清晨，凯里得到一个消息，说是明天凌晨 1 点钟左右，敌国情报官将会独自驾驶一辆军用吉普车，携带一份绝密文件途经十号盘山公路。凯里仔细想了想，当即决定今夜在十号盘山公路上拦截情报官，抢走他随身携带的绝密文件。

　　夜半过后，十号盘山公路上几乎没有了来往的车辆。凯里坐在一辆隐蔽在路边并关闭车灯的大卡车里，静候着猎物上门。这时，他抬手看了看夜光手表，此刻已经是凌晨 1 点钟了。就在这时，远处隐隐地传来汽车的马达声，不久该车的灯光越来越近，凯里终于看清这辆车就是自己要等的那辆吉普车。

　　于是，他立即打开车灯，发动马达，打算上前拦截。没想到，此时的吉普车却"突突突"地干叫几声，自己慢慢停了下来。吉普车上跳下了一个人，此人正是敌国的情报官，情报官下来看了一下车子，诅咒地骂了一句："混蛋，怎么忘了加油了！"

　　这可真是天赐良机，凯里心里一阵暗喜，立马一脚踩向油门，卡车"呜"地朝着吉普车开了过去。只一会儿，卡车"吱"的一声，稳稳地停在了吉普车的旁边。凯里拔出手枪，跳下车对准这名情报官，让他交出公文包。情报官交出公文包后，撒腿便逃，无奈他怎么可能跑得过子弹？只听"砰砰"两枪响，情报官当即死在了凯里的枪下。

　　凯里冷笑一声，打开手上的公文包，取走绝密文件，然后将情报官的尸体和公文包都放进吉普车，接着又拿出事先准备好的汽油瓶，扔进了吉普车的驾驶室。最后,凯里将吉普车推下悬崖,只听"轰"的一声,深渊下燃起了熊熊大火。

次日一大早,凯里还在蒙头睡觉,外面广场上的收音机却传出了这样的新闻报道:"今日凌晨,十号公路发生一起车祸,有一辆吉普车掉入悬崖起火,车身和驾驶员一同被烧毁……"

凯里听到这里,放心地笑了起来,可是随后收音机里再次传出的声音,把他吓出了一身冷汗:"经过警方的初步调查,认定这起事故应该是有重大阴谋的……"

凯里十分困惑,他弄不清警方究竟是从什么地方发现的破绽?

侦破提示:该案非常简单,只需把目光盯向那辆自动停下的吉普车即可。

神奇的特效药

侦破难度系数:★★★　　　破案时间:7mins

侦探现场

有一次,警方打击一个犯罪团伙时,在实施抓捕的过程中因为忙中出错,所以多抓了一个人。

这个团伙本来只有四名罪犯,可是最后却抓进来了五个人。那个被抓获的人当然要喊冤,可是就在他喊冤的时候,那四个真正的罪犯也跟着一起喊起了冤。

这让警方一下子陷入了被动的局面,警员们看了看这个人,又看了看那个人,到最后也不能确认哪一个才是真正的无辜者?

无奈之下,警方只得求助犯罪心理学专家——杰克博士。杰克博士到

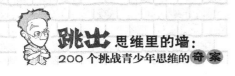

了警局后,看了看这五个人,想了一下说道:"这很简单,只要利用犯罪分子的心理,那么就可以确定出哪一个才是真正的无辜者。"

于是,杰克博士就把随身带的一瓶水分别倒进了五个瓶里,对着这五个人说:"这是当前国际上最新推出的一种新药,它有一种十分奇特的疗效,只要有人将它喝下,那么他是不是罪犯,就可以从面部的表情上看出来,现在你们每个人都喝一瓶吧!"

杰克博士的这个方法果然非常管用,无辜者很快就被找了出来。

各位,你们知道这是为什么吗?

> 侦破提示:请注意杰克是一名心理学博士。

伪造现场

侦破难度系数:★★　　　破案时间:5mins

侦探现场

有一个有着荷兰血统的白人家庭,这个家庭的主妇是个非常爱唠叨的女主人,他们雇用了一个叫爱兰的姑娘当佣人。虽然女主人脾气不好,但是他们开出的工钱却不菲,于是爱兰只好忍气吞声的继续在她家干活。在一个酷热的傍晚,爱兰干完活后正准备回当地人的居住区时,女主人却把她叫住,接着又没完没了指责她这个地方做得不好那个地方做得很差。爱兰早已受够了女主人的无事生非,于是一气之下就顶撞了女主人几句。女主人见佣人敢顶撞她,气得暴跳如雷地大声骂道:"你还敢顶撞我,信不信我……"由于太过激动,女主人话还没说完,就面目紧锁手捂胸部倒了下去。原来她是由于激动导致心脏病发作,一命呜呼了。

爱兰看女主人倒了下去,惊慌失措地本想马上叫急救车,可是立即又打消了这个念头。女主人曾经对她种种斥责，这时又一幕幕地重新在她眼前回放，她担心此事如果让警察知道，肯定会怀疑是她杀死了女主人。于是就急中生智地将女主人的尸体拖进厨房，然后再把厨房的窗门关好，接着又打开大型电冰箱的门。就这样，由于电冰箱内的冷气降低了厨房的温度，以至尸体很快冷却了下来。爱兰回到当地人的住处后，第二天又如往常一样上班，她进入室内后把电冰箱门关上，然后再打开厨房的窗户，很快厨房便恢复了常温。接着，她装作刚刚发现尸体的样子，跑去告诉当地警察。

爱兰认为，女主人与附近的邻居没有什么来往，而尸体整个晚上一直被冷却，这样一来尸体的变化状态就会与常温下的变化状态不同，因此一定会给警察推定死亡时间造成难度，由此自己被怀疑的可能性就会大大降低。

各位读者，爱兰伪造的现场成功了吗？

> **侦破提示：** 把破案重心放在电冰箱上。

避雨的弟弟

侦破难度系数：★★★　　破案时间：5mins

侦探现场

北宋末年的钦宗时期，有一个叫做王家庄的地方，在王家庄边上还住着一户人家，该户只有兄弟两人，哥哥叫王壮，弟弟叫王勇。

兄弟俩自从父母双亡后，就相依为命地靠着租种地主的田地勉强维持生活。岁月如梭，光阴荏苒，转眼间哥俩都到了娶亲的年纪。

当时，王家庄里有个姑娘名叫桃枝，她和兄弟俩的年龄相差无几。从小时候开始，他们三个人就经常在一起玩耍，渐渐地情窦初开的桃枝姑娘便对这哥俩产生了感情。桃枝的父母见女儿与王家哥俩相处不错，心里也十

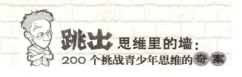

分欢喜，为此他们时常叫王氏哥俩到他们家做客。

如今，桃枝姑娘已经出落成一个漂亮的大姑娘，王家俩兄弟都对她产生了好感，桃枝父母的心意兄弟俩也能看得出来。桃枝父母觉得王氏兄弟都是老实本分的庄稼人，为人憨厚朴实，虽然家境有些贫寒拿不出什么像样的聘礼，但是只要桃枝中意，那么做父母的自然也就十分高兴。不过，他们在高兴之余也平添了几分烦恼，因为总不能一女嫁二夫吧。有一次，桃枝母亲便悄悄地问桃枝喜欢王家兄弟中的哪一个，桃枝低下头，羞羞答答地告诉母亲自己喜欢的人是弟弟王勇。

桃枝父母心里非常欢喜，就决定与王勇挑明此事，而哥哥王壮在知道桃枝喜欢的是弟弟后，不但没有露出不高兴神色，反而立即为弟弟祝贺。毕竟兄弟二人是血缘亲人，而且又相依为命长大，弟弟能娶上桃枝这样的好媳妇，做哥哥的自然十分高兴。于是，王壮就与弟弟商量，准备下个月就把婚事办了。

就在兄弟二人准备办理相关婚事时，有一早晨，哥哥王壮发现自己的身体有些不舒服，就赖在床上说要歇一歇。弟弟王勇见状，马上就跟哥哥说："哥哥，今天你不用下田了，就在家里休息吧，地里的活我自己干就行了！"说完，弟弟王勇就扛着农具独自一人下田干活了。

话说也非常巧，这一天快到中午时，天空中突然乌云密布，瞬间就下起了倾盆大雨。哥哥王壮见状，想起弟弟走时没有带上雨具，赶忙摇摇晃晃地穿带好蓑衣，又带上另一件，推开门，冒着大雨向田里奔去。

这时，雨越下越大，哥哥王壮深一脚浅一脚地来到了自家田里，可是却没有看到弟弟王勇。情急之中，他就沿着田埂四处寻找，忽然他发现弟弟倒在田边的一棵大树下，他上前摸了摸弟弟，发现他已经气绝身亡。

王壮见弟弟已死，悲伤之余就冒雨找来四邻，帮助自己料理这场突然而至的横祸。

待四邻们赶来后，大雨已经停止，乡亲们围拢过来，看着死去的王勇，你一言我一语地纷纷指责王壮，有人说他下大雨还让弟弟外出，也有人说王壮是看弟弟要娶桃枝而心存妒忌，故而杀了亲弟弟。

王壮原本是希望乡亲们能够帮助自己处理弟弟的丧事，万万没有想到乡亲们却怀疑是自己杀死了弟弟。遭受不白之冤的王壮,焦急得也不知如何是好,不过对于弟弟的死因,他也是一头雾水。恰巧此时,张县令路过此地,乡亲们便向张县令报了案。

这个张县令乃是一个饱学之士,其不仅喜欢研读经史,而且还喜好研究天文历法。他瞧着王壮朴实憨厚,举止间不像不法之徒,于是决定亲赴现场。当他看到王勇死的地方有一棵大树,并且其胸口上还有两处被灼伤的痕迹,心中便知道了个大概。

张县令对大伙说道:"此案本官已经弄清了,还请乡亲们不要怀疑凶手是王壮……"

试问,张县令为什么会如此说呢?

侦破提示:下雨天,大树下……

间谍的秘密情报

侦破难度系数:★★★★   破案时间:8mins

侦探现场

第二次世界大战时期,有一个间谍被秘密警察给逮捕了起来。秘密警察们在他的住处,搜查出大量的氨基比林药片和牙签。

于是,秘密警察就对他进行审讯:"在你的房间里为什么会有那么多的氨基比林药片?"

"我因为常常偏头痛,所以自备了一些药片,那是一种止痛药。"

"那么,那么多牙签是做什么用的?"

"哦,那个呀!那是因为我牙齿不好,吃完肉后,老是把牙缝塞住。"

不过,尽管他这么说,秘密警察还是不相信,在经过一段时间的暗地里

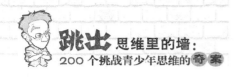

观察，秘密警察并没有发现他在饭后有剔牙的习惯，而且他的偏头痛也没有经常性地发作。不过，最后秘密警察们还是找出了问题所在，为此这个间谍被判处了 30 年有期徒刑。

各位读者，你们知道秘密警察找出了什么问题吗？

> **侦破提示**：把关注点集中在药片和牙签上。

开着汽艇逃跑的罪犯

侦破难度系数：★★★★　　破案时间：11mins

侦探现场

最近在海滨小城雷克，发生了一起性质极其恶劣的绑架案。被绑架者是雷克小城著名演员科恩的小女儿伊琳，她今年刚满 13 岁，读小学 5 年级。就在星期一的早晨，伊琳的妈妈像平常一样，开车把她送到学校，简单嘱咐她几句后就离开了，可是当她晚上再去学校接伊琳回家时，学校的老师告诉她，伊琳已经让别人接走了。

当天晚上，正当科恩一家人找小伊琳找得快要发疯时，一名自称是绑匪的人打来电话，他告诉科恩说伊琳现在就在他们手上。这名绑匪为了让科恩一家人相信他说的话，并确定小伊琳还活着，就让小伊琳和科恩通了话。通完话后，绑匪提出要科恩一家支付 50 万英镑的现金，并且不允许科恩报警。科恩一家一时慌乱了起来，为了保证女儿的安全，他们就没有向警察求助。救女心切的科恩当即按绑匪的要求，独自一人前往指定的地点交钱。

科恩本来指望绑匪在收到钱后就会放了小伊琳，可是贪得无厌的绑匪见科恩不但没有报警，而且很快地就把钱送了过来，不禁又起了更大贪心。他们又向科恩要求，如果想救他们的女儿，那么还得再多给 50 万英镑，否则别怨他们撕票。

科恩由于没有这么多钱，无奈之下不得不向警察报案。警察在接到科恩的报案后，立即组建了破案小组，组长是贝利警长。

贝利警长为了尽快抓住凶手，同时也为了确保小伊琳的安全，于是就调动警察局大量警力，对全城进行仔细搜查。这些警员们也不敢怠慢，最后在郊外一所废弃仓库里，找到了虚弱的小伊琳。小伊琳有气无力地告诉警员们，绑架她的是两名中年男子，他们原本想再拿到 50 万英镑后，就逃之夭夭，可是突然听到警察们正在全城搜捕他们的风声，两个人于是就慌里慌张地赶紧带上钱，朝着海边跑去。

贝利警长听完小伊琳的话后，立即说了声："不好，案犯要从海上逃跑！"贝利警长知道离雷克小城不远的海域就是公海，假如罪犯逃到了公海上，那么当地警察就拿他们没有办法了。于是，贝利警长一面带着众警员朝海边赶去，一面通过电话调遣警用直升机前来援助。

当贝利警长跑到海边时，那两名案犯已经驾驶一艘汽艇跑出了很远一段距离。这时，警员们也找到两艘汽艇，于是两名警察便分别跳了上去，加大马力全速追赶罪犯。恰恰此时，前来增援的警用直升机也赶到了这里，贝利警长就坐上警用直升机追赶罪犯。

两名警察把汽艇开得飞快，眼看就要追上了罪犯，这时只要再快一点，那么就可以包抄到罪犯前面。可是，公海已经在眼前，想要超过去拦截时间已经不允许了。贝利警长冷静地想了一下，就决定用警用直升机将罪犯的汽艇击沉。

可是现在已是晚上 7 点钟左右，天已经黑了下来，从直升机上根本就无法分清哪艘快艇是警员开的哪艘是罪犯开的。就在这个关键时刻，贝利警长看了看海面上的三艘快艇，果断地下了命令："向最左边的那艘开火！"

事实证明，贝利警长的判断完全是对的。各位读者，你们知道贝利警长是如何分析出左边的那艘快艇是罪犯所开的吗？

侦破提示：该案有些难度，多多思考一下汽艇在行驶过程中所产生的水纹。

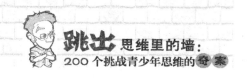
失踪的弹头

侦破难度系数：★★★★　　　破案时间：13mins

侦探现场

　　德国萨尔茨虽然是一个很小的城市，但是却非常的著名，让它出名的原因是这里盛产高质量的盐。

　　"萨尔茨"在德语里的意思就是"盐"。这里所开采出的盐，不但质量非常好，而且价钱还很便宜，因此吸引了很多商人们前来采购，故而人们又将这所城市称为"盐都"。

　　萨尔茨还是一个旅游胜地，因为那些开采过后所留下来的盐矿，就像是一个很大的溶洞。人们走在里面，洞壁的盐晶体在灯光的照耀下，闪耀着非常奇特的光彩，五颜六色煞是好看，为此吸引了世界各地的众多游客。

　　有一天，又有一批游客来到了萨尔茨，在这批游客里有一个叫做艾华特的男子。他在参观盐洞的时候，不断地吹嘘自己如何的富有，还故意伸着手臂，炫耀手指上戴着的钻石戒指。为此，带队的导游暗暗地为他担心，因为他这样的露富，很容易引起罪犯的注意，从而可能招来杀身之祸。

　　这批游客们在游览完盐矿后，就回到旅馆，早早地上床休息了。可是就在第二天早上，游客们到餐厅吃早饭时，导游发现只有艾华特没有来，该导游预感出了大事，赶紧来到艾华特的房间。只见艾华特躺在地上的血泊里，胸部有一个弹孔，人已经死了。这时，屋里的水龙头还在"哗哗"向外流着热水，死者手指上的戒指也不见了。

　　这名导游赶忙打电话报警，华尔警长立即带着法医来到了现场，经过一番检查，法医说死者死亡的时间是昨天晚上10点多，其心脏处遭到了枪击，从伤口上可以判断出子弹是由气枪击发出的。

　　这个死者的身上只有一个弹孔,这也就是说,子弹从外面射入死者的胸口后,并没有穿出身体。可是,令人感到奇怪的是,法医在解剖尸体后,始终没有找到那颗击入死者身体中的子弹头。

　　华尔警长细细思索了半天,终于弄清了答案。

　　各位读者,你们知道杀死艾华特的那颗子弹头去了哪里了吗?

侦破提示:呵呵,该城是"盐都",好好想一下。

十公里外的一个电话

侦破难度系数:★★★★★　　　破案时间:15mins

侦探现场

　　有一天午后,有一座房子突然爆炸起火。警察和消防队员赶到现场后,很快便把熊熊燃烧的大火扑灭了。

　　之后,经过详细勘察,这场火灾是由煤气爆炸引起的。警察在现场的一间卧室里,找到了一具表面烧焦的老人尸体。经过法医解剖,该老人在生前健康状况良好,只是在死前曾经服用过安眠药。

　　警察们在他的卧室里,发现了煤气管漏气现象,不过让警察们感到非常奇怪的是,煤气为什么会爆炸?引起爆炸的火源又是从哪里来的呢?

　　后来,警方通过调查得知,在爆炸之前该地区就已经停电,所以排除了因漏电导致起火的情况。不过,警方却怀疑被害人的外甥有着作案嫌疑,理由是被害人在银行存了大量的宝石和股票,并且还立下遗嘱,这些财产在他死后全归外甥继承。因此,警方认为老人的外甥是想早日继承这笔丰厚的遗产,所以才对老人下了毒手。

　　可是,在这所房子爆炸前后,该老人的外甥都有不在现场的证明,当时

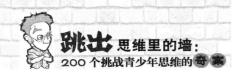

的他是在离现场十公里远的一家饭店里吃饭。该饭店的服务员证明，那个时候老人的外甥一直都在饭店里，其间从未出去过，只是在饭店中打过一个电话。这么说来，老人的外甥不可能是作案者，可是谁又是作案者呢？

最后，警方请来了几位专家协助破案，其中一名专家名叫贝尔。负责破案的警长向专家们介绍完案情后，贝尔先生立即站起来说道："我知道了，罪犯肯定就是他的外甥。"

各位读者，贝尔是根据什么做出这样的判断呢？

侦破提示：从电话着于分析。

一块被吃过的口香糖

侦破难度系数：★ ★ ★　　　破案时间：9mins

侦探现场

约翰是一个好吃懒做的家伙，他原先是一名送奶工，可是他嫌送奶需要很早起床，不能多睡一会儿懒觉，于是就辞职不干了。可是不干活就没有钱，为了生计他又想去开出租车，因此就向邻居罗拉借了一些钱，买了一辆出租车。他干了有两个多月，一天，他喝完酒后，醉醺醺地驾驶着出租车上了路。只一会儿，只听"哐当"一声，车子就撞到了电线杆上，人不但被送进了医院，而且车子也因此报废了。在经过医生全力抢救后，约翰总算捡回了一条命。

不久后，约翰出了医院，这时邻居罗拉找他还钱。约翰这时不但没有了工作，而且还欠着医院一大笔医药费，哪里还有钱还债呢？于是罗拉就警告他说："这样，我给你三天的期限，到时候你再不还钱，那么我一定会烧了你的房子！"

三天的时间很快过去了,待到中午,罗拉接到了约翰打来的电话,让他现在就去他家拿钱。罗拉听后非常高兴,在电话里对约翰说:"你这个混蛋,敬酒不吃吃罚酒,还说没有钱呢,我一来硬的就有钱了。"

罗拉吃过午饭后,得意地嚼着口香糖来到了约翰家门前。他按了按门铃后,里面传出约翰的声音:"外面是谁啊?"罗拉把嘴里的口香糖吐掉,说了声:"是我,罗拉!"

屋内的约翰听后,赶紧打开了门,非常热情地给罗拉倒了一杯啤酒说:"这么热的天,赶快喝一杯凉快凉快。"罗拉没有丝毫怀疑,端起酒杯就仰起了脖子,就在这时约翰举起了啤酒瓶,狠狠地砸向罗拉的头。罗拉被砸中后,摇摇晃晃地头一歪,即时断了气。到了晚上,约翰趁着天黑,就把尸体抛到了河里。

次日,汉斯警长敲开了约翰家的门,对他说道:"今天清晨,我们在河里发现了罗拉的尸体,现在我有充分的证据,证明罗拉在死之前曾经来到过你这里。"约翰涨红了脸说:"不可能,我都两个多月没有见过他了!"汉斯警长一听,哈哈大笑着说:"现在,就凭你这句话,我就断定你在撒谎,跟我去趟警局吧!"

那么,汉斯警长凭什么可以断定出罗拉在死之前,曾经来过约翰的家呢?

> 侦破提示:把关注点放在那颗被罗拉吐掉的口香糖上。

一只大红色的龙虾

侦破难度系数:★★　　破案时间:4mins

侦探现场

一家主营龙虾的饭店,老板是一个非常善良、慈悲和慷慨的中年男性。

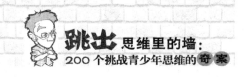

这一天，正值中午客人用餐的高峰，有一个员工突然发现老板被人杀死在厨房里，并且他的衣兜全部被人给翻了过来，很明显这是谋财害命。悲恸不已的老板娘闻讯赶来，马上给警局打了个电话。

也就几分钟时间，警长田村就带着一名手下赶到了餐馆。

老板娘看到警察来了后，一边抽泣一边对田村警长说："警长啊，我的丈夫是一个非常慷慨热心的人，每次有流浪汉来到我们餐馆，他总是会给他们一些东西吃。现在，我的丈夫惨遭不幸，我想一定是那个身穿黄上衣的流浪汉干的，因为我在10分钟之前还看见他和我丈夫在厨房说话，后来我丈夫就……"这位老板娘又大声地哭了起来。

田村安慰着老板娘，见她稍稍有些止住哭声后，便让她领着自己来到了她所说的那个流浪汉面前。这个流浪汉还待在饭店里没有走，田村看了看这个身着一件又脏又破的黄上衣的流浪汉，沉吟着没有说话。这时老板娘抽泣着说："警长，就是他，你们千万不要把他给放跑了！"

田村再次打量了一番这个人，问他："刚刚老板娘所说的话，你都听见了吧？"

这个穿黄上衣的人马上站起来辩解道："尊敬的警察先生，刚刚我的确是在饭店里，可是我什么都没有干哪。十几分钟前还有一个身穿围裙的男人说要给我一些东西吃，我看他把一只大红色的龙虾放进锅里后，我就返身回到大厅里，这个男人告诉我二十分钟后就可以吃了，所以我就一直坐在这儿等着。"

田村听完他说的话后，冷笑一声说道："行了，别再狡辩了，凶手就是你，跟我走一趟吧！"

咦，田村警长是怎么知道这个人说了谎的？

> **侦破提示**：其实很简单，只要把关注的重点放在那只龙虾上就可以了。

谁应该拥有这笔金子

侦破难度系数：★★　　破案时间：4mins

侦探现场

维达是靠淘金起家的，他在临终之前把两个要好的朋友（泰尔、西尼）叫到床前，告诉了他们一个别人从不知道的金矿，并且允许他们到那里淘金，前提是他们不得把秘密外传，并且只能前去一次。

他们在签订的契约上规定，不管是泰尔、西尼还是其他人，只要谁能把金子背回维达家，无论数量多少，这些金子都将归背金人所有。

次日，他们俩开始起程，所带的物品只有一头驴子以及驴背上的工具和食物。泰尔和西尼顺利地找到了维达所说的那个金矿，大约半年之后，两人觉得所淘的金子已经够多了，于是便把这些金子铸成一块长50厘米、宽高均为20厘米的金砖返回了维达家。两人为了得到这笔财富，互不相让地都说金砖是自己背回来的。

为此，他们将此事闹到了法庭上，法官看了那块金砖以及那份契约后，想了一下便做出了正确的裁决。

那么，法官到底做出了什么样的裁决呢？

> **侦破提示：**呵呵，仔细想一下那块金砖。哦，还有，不要忘了那头任劳任怨的驴子。

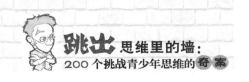

巧计破窃案

侦破难度系数：★★★★★　　　破案时间：15mins

侦探现场

　　唐朝年间，在河南有个叫做河阳县的地方，因为此地交通极为便利，所以集市贸易特别红火。每到逢五排十时，周边各地前来赶河阳集的人便络绎不绝。

　　这一天，一名外地客商来到河阳集卖东西。天刚过晌午，他所带的东西就差不多卖完了。这时，这名客商也饥肠辘辘，于是就在附近找了一家小客店。他将小毛驴拴在店门外的柱子上后，就径直走进了店里。不一会儿，他点的饭菜便被端了上来，这名客商非常惬意地大吃了一顿，饭毕他又稍停了一会儿，就准备牵毛驴回家。

　　可是，当他走出客店一看，顿时大惊失色——他的小毛驴不见了，柱子上只剩下半截被割断的缰绳。

　　这名客商急切地四处打听寻找，无奈人生地不熟他怎能找得到，一直找到了傍晚，还没有一点驴子的消息。于是，他不得不住在了一家客栈，想等明天继续寻找。之后他又找了两天，仍然没有找到，这个客商一跺脚，便把驴子被窃的情况上报给了县衙。

　　当时的河阳县县令名叫张坚，该人极为聪慧，破获过很多疑难案件。这天清晨，他来到县大堂，屁股还未坐热，就听到那名丢驴的客商在外击鼓。张坚把这名客商请到大堂后，问清了案件情况，当即命令左右差役将寻驴告示张贴到各个主要街口。

　　他在告示中写道，如果偷驴的人不赶快自首，那么一旦被查出来，将会罪上加罪，同时他还要相关的知情人到县衙告发。可是此告示在贴出后，一整天都没有任何动静。到了第二天,张坚又命差役将寻驴的告示贴到大街小巷,并让他们声言官府要进行全面搜查。这一招果然有效,随着追查的风声越来越紧,窃了客商驴子的小偷就在晚上悄悄地把驴子放了出来。

第二天清晨,心情沮丧的客商忽然在大街上看见了自己的驴子,心里非常高兴。他把驴牵到县衙,对县令张坚说,现在我的驴子安然无恙地回来了,我也要回家了。张坚一听,十分高兴地问驴子有没有受伤?

客商回答说,驴子非但没有受伤,反而被喂养得很好,只是驴背上的一个新驴鞍子不见了。张坚沉思了一下说,你且稍等一两天,我不但要把你的新驴鞍找回来,而且还要把那个偷驴之人给抓住。

客商伏地磕头道:"大人,不必了,驴子找到就行了,一个鞍子值不了几个钱!"

县令张坚呵呵一笑:"不是钱的问题,这事关我们当地民风。"

客商心想:"这位县官话虽没错,但是驴鞍子是个死东西,又不能像驴那样会自己走出来,这上哪儿去找!再说了,那个鞍子是个小玩意儿,随便藏到什么地方,如何能找得到?"

张坚看出了客商的心思,很有把握地告诉他:"放心吧,第二天驴鞍子会出现在你眼前的。"果不其然,第二天晚上驴鞍子就出现在了客商面前。

各位读者,你们知道县令张坚是怎么找到驴鞍子的吗?

侦破提示:呵呵,该案有些难度,不过从驴身上着手侦破,一定可以找出答案。

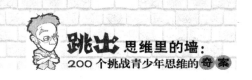

被害的小提琴手

侦破难度系数：★★★★　　　破案时间：12mins

侦探现场

狄克是音乐学院的著名音乐教授,他有两个最得意的门生——普斯和尼克。他的这两个弟子在音乐上的造诣不分伯仲。

有一次,有人邀请狄克教授派他的一位弟子前去参加一个音乐会,并且还能登台单独演奏小提琴。

这时,狄克教授犯了难:"到底是让普斯去,还是让尼克去呢?"

狄克教授直到音乐会即将开幕的当天晚上, 他仍然没有做出选择。最后,在开幕前的 10 分钟,教授终于做出了一个决定,他告诉普斯准备出场演奏,尼克听到后自然对教授做出的这个决定感到十分遗憾。

短短 5 分钟后,狄克教授正要叫普斯准备出场,可是他却在化妆间里看到了普斯的尸体——他的头部被一颗子弹击中了。

接到报案的尔文警长带着手下匆忙赶到案发现场。尔文警长见音乐会马上就要开始,于是就劝教授先不要声张,让演出继续进行。之后,尔文警长走到尼克的化妆间说,现在狄克教授决定让你登台演出。

尼克听完这个消息后,一言不发地整理了一下衣服,然后拿起小提琴和琴弓,镇定自如地出场表演。尼克的这次演出十分精彩,让整场的观众都陶醉在他那悠扬的音乐声里。然而,此时的尔文警长却拿起了电话通知手下逮捕这位优秀的小提琴手。

各位读者,你们知道尔文警长这样做的理由是什么吗?

侦破提示:注意尔文警长和尼克说话时,尼克所做的动作。

正在施工的别墅

侦破难度系数:★★★★　　　破案时间:13mins

侦 探 现 场

这一天,在一所正在动工装修的别墅里,装修工人发现了遇害的别墅主人。

卡特警长接到报警后,便带着助手克利赶到了现场。案发现场是别墅二楼富翁的房间,而在楼下则是他侄儿的房间。助手克利看了看死者,然后挠了挠不多的几根头发,问卡特警长:"警长,这起案子你怎么看?真是太不可思议了!"

卡特警长没有回话,一声不吭地仔细察看着现场。

富翁的尸体是仰面躺在床上,在他的背部有一个伤口,警长从里边发现了一颗来复枪的子弹。伤口周边的皮肤有裂痕以及灼伤的痕迹,看情形应该是近距离的枪伤所造成的。在床上还有一个枪洞,这一枪把楼板都打穿了,一直通到楼下。

卡特警长想了想后,就来到一楼富翁侄子的房间,发现天花板上也有一个洞,并且洞口处同样也有烧灼的痕迹,于是他估计凶手开枪时是紧贴着天花板。这个洞口正对着死者侄子的床,可是凶手是怎么确定死者在床上的位置呢?

死者侄儿说,他昨天晚上由于喝醉了所以就在朋友家里睡的觉,一夜都没有回来,这事朋友可以作证。

这时,助手克利叫来了别墅的管家,他证明死者侄儿昨晚出去后确实没有再回来过。死者的家仆们也证明说,别墅房间的所有钥匙只有管家和富翁本人才有,其他人在没有钥匙的情况下是进不了门的。

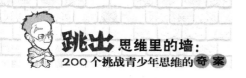

卡特警长低头沉思了一会，接着又返回案发现场，这时死者的尸体已经被送去化验。而恰恰在这个时候，他突然发现死者睡觉的地方竟然留下了一个跟尸体轮廓十分相似的印记，且周边的床单明显变黑！

卡特似乎有所觉悟，他回头猛然看了看窗外，那里正是装修院子的工地。卡特警长的眼睛从大型机器上扫过，最后嘴角边露出了笑容——证据和凶手都被他找到了。

各位聪明的读者，你们知道凶手是谁吗？

侦破提示：卡特警长为什么看完工地上的机器后，嘴角边露出了笑容？

学生公寓里的枪声

侦破难度系数：★★★　　破案时间：8mins

侦探现场

每到晚上大学城内的学生公寓楼群都会异常喧闹。这一天，一幢公寓楼还是一如既往的人声鼎沸、肆意喧哗。

突然，"砰"的一声枪声，原本还嘈杂不堪的学生公寓顿时安静了下来，不过这样寂静的场面只维持了几秒钟，之后所有的公寓楼群就如炸开锅一般，场面一时变得无法收拾。

这时，有不少学生顺着枪声来到了一间独栋别墅式公寓，他们在这所公寓二楼的一间卧室里，看到躺在血泊里的大学生朱利安。

有个学生看到这种情形后，立即掏出电话报告了警察局，杰西探长当即带着助手赶到了案发现场。

杰西和助手在经过详细的调查后，了解到住在这所公寓内的学生一共有四人——死者朱利安、汤姆、基斯还有格伦。杰西探长觉得这三个学生都有作案嫌疑,于是就把他们三人隔离开,分别对他们进行仔细的讯问。

探长杰西想了一会儿后,就开始讯问汤姆:"案发时,你在什么地方?在干些什么?"

汤姆回答说:"枪声响起前,我带着一盏灯到了屋后的车库那里,插上电源后便打开电灯开始修理汽车。枪响起的时候,我正在聚精会神地修车,可是突然房间里传来了枪声,于是我就立即跑进了屋里。"杰西探长记录完后,点了点头就离开了。

他接着又开始讯问基斯:"案发时,你在什么地方?在干些什么?"

基斯苍白地坐在椅子上,揉着受伤的腿说:"真是不走运,当时我把车停在屋后的一个胡同里,正向后门走去的时候,不料却被地上一条该死的电线绊倒了。我坐在地上揉着剧痛的脚腕,看着那条绊倒我的电线,一气之下就将它拽了一下。过后,大概两分钟吧,我就听到了枪声,于是赶忙跑了过去。"杰西探长听完后,又点了点头。

最后,杰西探长开始讯问最后一个人格伦:"你在枪响的时候,在什么地方?在干些什么?"

格伦看了看探长,回答道:"当时我想要吃一些冰激凌,就朝着厨房走去,可是就在这个时候,我听到了后门那里有一些声响,因为好奇就向那边看了一眼,不过外面漆黑一片,我什么都没有看到。接着,我就直接去厨房拿冰激凌了,大约几分钟后就听到了枪声。"杰西探长同样也点了点头,然后离开了。

探长为了证实他们所说的话,就带着助手开始搜查公寓。他们在厨房的冰箱旁边,找到一杯融化后的冰激凌,接着又在后院的地面上,看到了被扯出插座的电线插头,最后他们在汤姆汽车打开的引擎盖上,看到了连接那条被扯出插座的电灯线,线的末端有一盏螺旋式节能灯。

检查完毕后,杰西探长带着助手又重新回到屋里。探长看了看汤姆,冷笑一声说:"你在说谎,凶手肯定就是你,跟我走一趟吧!"说着便掏出了一副手铐。

汤姆神色一变,大声地申辩道:"你……你有什么证据?我怎么会是凶

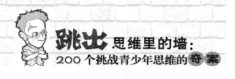

手呢?你肯定是搞错了!"

杰西探长看了看他,当着众人的面,指出了汤姆说话中的漏洞。汤姆当即傻了眼,最后不得不说出了事情的真相。

请问,杰西探长为什么可以如此肯定汤姆就是凶手呢?

> 侦破提示:把三个人说的话好好看一下,然后再从汤姆说的话里找破绽。

被冤枉的狗

侦破难度系数:★★　　　破案时间:5mins

侦探现场

这一天,安尼休息在家懒懒地躺在床上看书,正当他看得入神时,门铃急促地响了起来。他赶紧扔下书,跳下床跑去开门。原来,按门铃的是隔壁的亚森太太,她可是个远近闻名的泼妇。她见安尼开了门后,就气势汹汹地责问安尼:"你有没有公德心,真是太可恶了!自己养的狗也不好好看管,现在它把我咬了,你看怎么办吧?"

安尼上下看了看亚森太太,觉得非常的莫名其妙,因为他的狗非常温顺从来都不咬人,并且今天都一直在房间里。于是,安尼就问亚森太太:"你是什么时候被咬的?伤口在什么地方?我怎么没有看到伤口呢?"

亚森太太气急败坏地说:"我就是刚刚经过你家门口时,被你的狗给咬的。"说着她便把干净整洁的裤腿提得高高的。安尼这时才看到,亚森太太的膝盖处有一个被什么东西咬伤的伤口。

安尼看完她的伤口后,十分肯定地对她说:"你可真是荒谬!你想撒谎也得好好处理一下嘛!你这伤口根本就不是我的狗咬的。"

"你的意思是我诬赖你了?你凭什么这么说?"亚森太太咆哮着。

安尼冷笑了一下,接着便说出了他的推断,亚森太太顿时哑口无言。

请问,你知道安尼说的证据是什么吗?

侦破提示:好简单哦,把关注的重点放在亚森太太的裤腿上。

徘徊不前的警犬

侦破难度系数:★★　　　破案时间:4mins

侦探现场

有一天,在一个偏僻的村庄里,发生了一起特大入室抢劫杀人案。

被害人是一名农家妇女,在自己的家中被害,屋内被翻得乱七八糟,现金等一些贵重物品都被抢走了。妇女的丈夫是一名牧羊人,他直到傍晚放羊归来后,才发现被害死的妻子尸体。

杀人凶手作案后似乎是从后院朝着牧羊的山坡方向逃走的,因为院子的地面上留下了凶手清晰的鞋印。

牧羊丈夫立即报了警,接警后警方带着大量优秀的警犬赶到了现场,他们让警犬闻了闻院子里凶手留下的脚印后,警犬便迅速地朝着山坡方向追去。

可是,当他们气喘吁吁地跑到山腰时,众警犬却突然"低鸣"着停了下来,一个劲儿地在原地打转转,再也不肯向前追了。

这个凶手并没有从这里骑上其他的运输工具逃跑,也没有脱了鞋,就是穿着作案时的鞋逃跑的。

请问,为什么众警犬的鼻子失灵了呢?

侦破提示:警犬是靠闻着气味进行追踪罪犯的,它们徘徊不前,一定有某种原因。

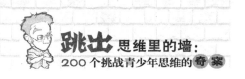
毒酒和美酒

侦破难度系数：★★★★　　破案时间：13mins

侦探现场

春秋战国时期，秦国为了国富民强，开始实行商鞅变法，该法度以严酷著称。当时，秦孝公有一位幕僚，号称天下最有智慧者，可是由于其犯下过失，按当时律法当斩。不过秦孝公惜才，有意救他一命，可是又不能破坏秦律。

于是他就设计了一个特殊的行刑方式，希望他这个聪明的幕僚，能够运用自己的智慧来救助自己。当时，执刑的人是两名武士，手里各拿着一瓶酒。

秦孝公告诉智者道：首先，这两瓶酒一瓶是美酒、一瓶是毒酒，它们从外观上是看不出有任何区别；其次，执刑的两个武士有问必答，不过他们有一个只回答真话，另一个只回答假话，从表面上是无法断定谁说真话谁说假话；再次，这两个武士彼此间都知道对方的底细，也就是说他们知道毒酒或美酒在谁的手上。现在，寡人只允许你向两个武士中的任意一个问一个问题，然后根据他们的回答，判定哪瓶是美酒并且还要将它一饮而尽。

这个聪明的幕僚，略微思考一下，就向他们提出了一个非常巧妙的问题，最后他喝下了美酒，免于一死。

那么，这个幕僚问的是一个什么问题呢？

侦破提示：反向进行推演。

受伤部位也可以断案

侦破难度系数：★★★★　　　破案时间：10mins

侦探现场

宋朝时期，官府严禁私盐买卖。有一年江西一带食盐缺乏，一天，一位双目失明的人买了半斤盐后，就提着盐缓慢地往家里走去。这时，他手中的盐突然被人猛地抢了去。

这位盲人一惊，慌忙大喊道："来人啊，快捉贼，有人抢了我的盐！"

这时，他听到有人从他的身边冲了过去，于是自己也顺着声音磕磕绊绊地向前追去。追出不远后，他就听到四五个人的喊叫声，以及两个人的相互厮打声。

等到盲人走近他们后，只听到其中有一个人说："想要盐，你自己不能买呀，为什么要抢别人的盐？"

这时，另一个人也叫道："你别血口喷人，明明是你抢了别人的盐，居然还敢动手打人！"这两个人你说我是贼，我说你是匪，一时争执不下。这个盲人也无法分辨谁是好人，谁是坏人，只能站在一旁干着急。

就在众人七嘴八舌地议论时，湖襄提刑宋慈恰巧路过这里，他见这里围了许多人在争吵，便命手下上前问问是什么情况。

不一会儿，问过情况的一名小吏跑回来对宋慈说："大人，是因为抢盐而引发的打斗，他们正在那里争论谁才是抢劫者呢！"

宋慈手下有一个办事十分干练的小吏，在听完这些话后马上说道："想破此案不难，古代就有现成的案例，苻融在遇到这种事后，就安排他们赛跑，只要谁跑赢了，那么谁就是好人。"

宋慈走了过去，他看到这两个人已经打得鼻青脸肿、浑身伤痕累累，于

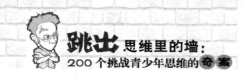

是就摇了摇头说："赛跑这种断案法是不行的，是赛不出真实的情况。"

办事干练的小吏连忙又说："大人是担心他们受伤后，跑的速度不真实，那么就将他们二人押回衙门，等他们养好伤后，再让他们比赛。"

宋慈看了看这个小吏，笑了下说："不必这么麻烦，我自有别的办法。来人，将他们二人的衣服脱掉，本官要查看他们的伤势情况！"

众差役一拥而上，很快就将两个打架人的衣服脱了下来。他们其中有一个人的鼻子流着血，前衣襟上滴满了鲜血，胸前还被打得青一块紫一块；而另一个人背后则被打得一片紫青，并且还有被指甲抓伤过的痕迹。

宋慈看了看这两个人，便冲着后背有伤的人说："这个就是抢盐的人！来人哪，给我捆起来带走！"众差役一起上前，牢牢地绑住了那个后背有伤的人。

这时，围观的人都用疑惑不解的目光看着这位提刑官。后来经过一番审问，这个人果然就是抢盐者。

各位，宋慈是如何断定出这个人就是抢盐者的呢？

> 侦破提示：仔细想一下宋慈为什么要让两个打架的人脱掉衣服。

阿尔卑斯山的凶杀

侦破难度系数：★★★　　　破案时间：6mins

侦探现场

一群喜爱登山的人在阿尔卑斯山顶的一间破小木屋里，发现了一具尸体，他们迅速向当地警局进行了报案。

很快，警察和法医就赶到了现场，法医经过解剖尸体后发现，死者的死亡时间是在当天下午2点至2点30分之间。

这个死者名叫奥塔，他是和另外3个人一同来登山的，在他们登到山顶的这段时间并没有其他人上到过山顶。情况非常清楚,凶手就是这 3 个人当中的一个。

之后,警方就对他们进行了询问,可是这 3 个人都宣称自己当时是在山脚下的旅馆里,并不在山顶。

其中一个名叫哈尔的人说:"当天中午我离开小屋后,就沿着山路走下山,直到 5 点多才赶到山下的旅馆。"

这段下山的路异常难走,有人做过统计,最快到达山下的纪录是 4 小时 40 分,而哈尔花了 5 小时 20 分,这算是相当快的了。

三人中的休伯说:"当时我和约翰是在 1 点 30 分离开山顶的,走了约半个小时后就来到一条岔路口。当时,我是用随身带的雪橇朝着山下滑,在 4 点整时到达了旅馆。"

这时约翰说道:"我本来也打算利用雪橇滑雪下去,可是我放在半山腰的滑板却不翼而飞了,于是我只好走下山去。那个时候,由于我在上一次登山中弄伤了腿,所以走得非常慢,赶到旅馆的时候已 8 点多了。"

各位读者,他们三人说的话似乎都符合情理,那么究竟谁才是真正的凶手?为什么呢?

侦破提示:多多想一下约翰不见了的雪橇。

冷艳女杀手

侦破难度系数:★★★★　　　破案时间:10mins

侦探现场

这天是周末, 某公司经理哈利正在公园的林荫小道上悠闲地散着步。忽然,一个年轻漂亮的女子冲他走了过来,等走到他身边时,就与他打了声招呼。

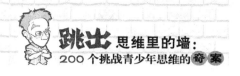

哈利奇怪地看了看她，问："小姐，你认识我吗？"

这个女子冷冷地回答说："是的，我是一名杀手！"

听到这个女子这么一说，哈利的脸色顿时变得煞白，他脱口说道："啊，你……你是那个小子派来的吗？"说完，浑身便战栗不止。

这个冷冷的女子说："请您别误会，我是不会杀你的，今天我过来只是为了帮助你。刚才你口中所说的那个小子，是不是××公司的经理？"

"是……是的，他在商业上是我的死敌，我巴不得他早些死去呢！"

听到这里，这个女子用商量的口气说："行吧，我看你这个人比较面善，此事就交给我处理吧！我可以将他不留痕迹地做掉，不过至于我采取什么办法，你最好就不要问了，这是为你好！"

"行，那说定了，事成之后，我必当有重金酬谢！"

时间过得很快，3个月后，哈利听说××公司的经理因为心脏病突发，治疗无效后去世了。之后，又是一个周末的早晨，还是在那条林荫道上，哈利再次遇到那名女子。他按事先的约定，付出了丰厚的酬金后，那女子迈着轻盈的步伐走了。

这个女子究竟用了什么办法致使××公司的经理死掉却没被警方发现？

各位读者，你们知道究竟是怎么一回事吗？

侦破提示：为什么警方没有发现死者是被他杀？这个女子究竟是什么人？呵呵，从这里入手。

巧识贩毒者

侦破难度系数：★★★★　　破案时间：11mins

侦探现场

有一次，缉毒警察在行动中抓到了两名贩毒集团的重要成员，一名叫韦德，一名叫杰克尼。该消息传到贩毒集团那里后，毒贩们立即重新制定了偷运路线，这时缉毒的工作只好重新寻找线索。恰恰在这个时候，警方通过眼线又得到了重要情报：有一个贩毒分子将会装扮成旅游者进行偷运毒品。于是，警方当即派出强大的侦查队伍，在经过细密地侦查后，最后抓到了 3 个自称为旅游的人。缉毒警察把这 3 个人带回警局后，警长贝利就对他们进行了一番审问。

被带到审问室的人是个脾气非常暴躁的人，他刚被带进室内就大吼大叫："我要向法庭起诉，你们凭什么把我带来，你们侵犯了我的人身自由！"

这时，贝利警长平静地解释说："先生，你别生气，我们只是在例行公事。我问你几个简单的问题，请你配合。你来这里找谁？"

"警官先生，法律哪项条文规定到你们这里来非得找人，我是来玩的不可以吗？"

"哦，那么你都带了什么东西？"

我出来玩，当然要带一些生活的必需品啦！"

"哦，是这样！那么你知道韦德、杰克尼吗？"贝利警察十分的平静。

"我怎么知道他是谁！"

贝利警长听了他的这些话，就对他说："先生，不好意思耽误了您游玩的时间，你现在可以走了。"

接着，第二个人也走进了审问室，这个人是个非常沉默寡言的人，你问

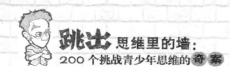

他十句他只回答你一句。贝利警长见他警惕性太强，只好安慰他说："请您不要有任何的顾虑，我们只是做例行的调查，有什么您就说什么吧。"

"哦，那么请你马上让我离开这里。"

"呵呵，你知道韦德、杰克尼吗？"

"他又不是明星，谁知道他，请你赶快放我出去！"

"行，没问题，我们马上放你出去。"

最后，第三个人走进了审问室，这个人非常的随和，积极配合着贝利警长的问话，并且一再申明自己是个难得的好公民。他在回答完贝利的所有问题后，还非常理解地说："你们这些警察也不容易，像这样的事我遇到得多了，对于重要的案子，作为警察的你们当然不能轻易相信任何人。"

贝利看了看，随口问了句："你这么喜欢旅游，想必去过很多地方吧？"

"当然了，我非常喜欢前往各地旅游。"

"那么这里你喜欢吗？"

"呵呵，这里的人们非常热情，我当然喜欢了！"

"哦，谢谢！那么，你知道韦德、杰克尼吗？"

"这两个人我从来都没听说过，根本就不认识他们！"

贝利警长这时脸色一变，厉声说了句："行了，先生！你别再演戏了，你就是毒贩子。"

最后，经过进一步审讯后，这个人终于交代了一切。

那么，贝利警长是根据什么断定出这个人就是毒贩子呢？

侦破提示：仔细看一下贝利警长问话的内容。

被替换的毒药

侦破难度系数：★★★★　　　破案时间：14mins

侦探现场

王夫人和当医生的丈夫由于感情不和，所以分居过着独身生活。可是自从分居后的第三天前起，她就一直发着高烧，然而附近的私人医生又不肯出诊，无奈之下她只好请分居的丈夫前来替她看病。

"哦，小事一桩，请不必担心。你是患了流感，只要先打上一针，然后今晚睡觉前吃了这药，烧就会马上退掉，再过三两天就会康复的。"丈夫给她打了一针后，又给她的床头留下胶囊装的感冒药转身就回去了。

王夫人临睡前，在吃过丈夫所留的感冒药后，只一会儿就死了，实际上这颗胶囊里装的是剧毒氰酸钾。不过，尸体在第二天傍晚才被发现。警察解剖尸体后发现，死者胃里残留着尚未消化的掺有氰酸钾的巧克力。为此，死者的弟弟以杀人嫌疑犯被警察逮捕了起来，这是因为他在一周前送给了死者一盒威士忌酒心巧克力。

姐弟俩的父亲在不久前去世了，当前他们正在为继承亡父的遗产而闹得不可开交，警察根据这些情况，断定死者的弟弟有杀人动机。不过，死者的弟弟却坚持说自己是无辜的，并且还要求警方进行重新调查。

克拉警长接受了重新调查这起案件的任务，他在得知死者丈夫是内科医生，并且夫妻两人正在分居，而且医生丈夫为了同年轻情妇结婚急于离婚这些情况后，开始着手调查医生在案发当夜不在现场的证明，最后一针见血地揭穿了医生巧妙杀害自己妻子的手段。

各位读者，你们知道医生用了什么手段，使被害人吃下去的掺毒胶囊

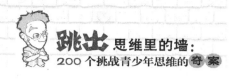
变成了威士忌酒心巧克力?

侦破提示:想要把吃过胃里的东西替换掉,那么究竟需要怎么做呢?

致命的体温计

侦破难度系数:★★★★　　　　破案时间:12mins

侦探现场

富翁科里在临终之际,立下了遗嘱,他把家庭全部财产都留给了妻子科里夫人,在家中还有和这位富媚共同生活的养女安娜。

这个安娜是一位典型的时髦女郎,因为交际非常广泛,所以挥霍也异常无度。科里夫人对她的管束非常严格,以致安娜的手头经常出现拮据情况,因此她总是盼望养母快些死去,以便自己可以合法地继承那些巨额的财产。

不过,科里夫人的身体却非常健康。有一天,实在忍无可忍的安娜就在汤里放了砒霜,幸好当时医生发现及时,科里夫人才总算保住了性命。

科里夫人出院后,想来想去,为了保住家族的声誉,就决定不起诉安娜。不过,她为了防止安娜再次加害,于是就彻底改造二楼的卧室,她在窗户上装上了一道铁栏杆,又把自己的门锁重新地换过一遍。

为了杜绝安娜在饭中投毒,她一日三餐都亲力亲为,甚至从超市买来的罐头都要自己去买。同时,她又在卧室新增设了厨房,厨房内的所有餐具也不许任何人触动,就连饮水也只喝瓶装的矿泉水。

她每个星期都要请保健医生来替自己检查身体,不过她只准许医生为自己测量脉搏和体温,其他如打针、吃药等都一概自行处理。

科里夫人尽管进行了严密防范,可是她仍然未能逃过谋害,也就半年多的时间,她就死于了非命。

之后,经过法医解剖,发现致使她死亡的病因是一种无色无味的微量毒素,当这些入侵体内的毒素剂量积蓄到一定程度后便会引发病变。

各位读者,究竟是谁采用了什么方法,把这位防范严密的科里夫人毒死的呢?

> **侦破提示**:把关注点集中在经常接触科里夫人的人身上。

为什么会溺水

侦破难度系数:★★★★　　　破案时间:11mins

侦探现场

一个星期日的清晨,一具在日月湖水面上漂浮着的垂钓者尸体被人发现了。

警方很快就赶到了现场,死者看上去像是乘租用的小船在垂钓的过程中船翻溺水致死的,警方根据尸体情况,判断其死亡的时间是在星期六下午6点钟左右。

最初警方认为这起事件是单纯的意外事故,不过亚恒侦探在经过详细调查后却指明这是一起谋杀案。亚恒侦探说,死者一个在某大学附属医院任药剂师的朋友,因为欠了死者一大笔钱财,所以就动了杀死他的念头。

不过,该名药剂师有充足的不在现场证明。那一天,也就是星期天,他也租用了另一条小船在日月湖上和被害人一起钓鱼,可是他在下午4点钟左右时就与死者分手,一个人乘坐日月车站4点40分发的列车回到自己家里。当时,列车到达药剂师所下的车站是19点30分。在此期间药剂师一直坐在列车上,警方查问列车员也得到了确切的证词,最后亚恒侦探还是揭穿了药剂师巧妙作案的手段。

各位读者,你们知道犯罪嫌疑人使用了什么手段从而致使被害人溺水身亡的吗?

侦破提示:该案犯罪嫌疑人有充足的不在场证明,那么就需从那艘死者所乘坐的小船入手了。

不见了的独生女

侦破难度系数:★★★★　　破案时间:12mins

侦探现场

这一天,汉特受一位富家独生女邀请,和她的堂姐以及堂姐的一个外科医生未婚夫,一行4个人一起来到郊区的一所别墅里野餐。

这位小巧可爱的独生女,因为双亲都已去世,所以家中的巨额家产都由她所继承。他们到达别墅后,就在庭院里的草地上进行野餐。

野餐的时候,他们带了3个大菜篮子,里面装满了各种各样的食物。聚餐完毕后,篮子就被拿到了别墅里。

当时,汉特和堂姐正在欢声笑语地聊着天,而独生女和外科医生在进入别墅后,过了好久也不见出来。

于是,堂姐就走进别墅里进行察看,找了半天她都没有看到里面有一个人。就在汉特也想进屋时,那个外科医生从另一面的树林里走了出来。他浑身都是泥巴,看了一眼汉特后,说了句,刚才我在那边摘野草莓了。

汉特就问他独生女现在在什么地方,他说应该还在屋里。可是,汉特进屋后却无论如何也找不到独生女,屋内的门窗都是从里面反锁的,独生女不太可能不打招呼就走了。汉特焦急地找来找去,最后只在走廊上捡到了一块防水的布片。最后,他们3人失望地把别墅收拾齐整后,就把大篮子放回车上离开了。

回到家后的汉特想来想去总觉得哪里不对，于是就向警察局报了案，后来警察经过仔细检查，却只在浴室里找到了一丁点血迹。

那么，独生女究竟去了什么地方？她是被人谋杀了吗？如果是的话，那么尸体呢？凶手又是什么人？

> **侦破提示**：该案有些难度，不过只要把关注点集中到堂姐和她的未婚夫身上，那么就可以很快找到答案。

谁才是牧师

侦破难度系数：★★★★　　　破案时间：11mins

侦探现场

这一天清晨，多利探长刚刚上班，莱克临时监狱的看守比尔就给他打了个电话，说自己遇到了麻烦事，让他赶紧来一趟监狱。

多利探长赶到临时监狱后，看守比尔就向他抱怨说："真是糟糕透了！伯金在下班的时候给我留下一张便条，说昨天晚上监狱又关了两个打扮成牧师的人，一个是狡猾的骗子，另一个是赌棍。可是我今天早上来上班时，却发现一号、二号、三号单人牢房里都关着牧师打扮的人，现在看来，他们其中一人肯定是真正的牧师，我想这位牧师是在探望时走错牢房了，可是我实在是搞不清他们哪个才是真正的牧师！"

多利警长细想了一会儿后，说道："我们得好好想一个法子来问问他们，相信真正的牧师会说实话的。"

看守比尔却有些沮丧，他说："我们要询问的时候，问到的那个人要正好是个骗子，那该怎么办呢？伯金说过，这个骗子是个撒谎的高手，他从来

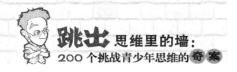
都不会讲真话,而那个赌棍又是个看情形说话的家伙,他说不说真话要看事情的发展是否对他有利。"

多利沉思了一下,对着比尔说:"放心吧,我会找出谁是真正的牧师。"

二人来到关押犯人的单人牢房后,多利警长问一号牢房的那个人:"你是谁?"

这个人回答:"我是个赌钱的人。"

多利警长点了点头,然后又走到二号牢房门前,问:"告诉我,关在一号牢房的人,是什么人?"

二号牢房的人回答:"他是个骗子!"

多利警长又走到三号牢房前,问:"你说关押在一号牢房的是个什么人?"

三号牢房的人回答:"他是个牧师。"

这时,多利警长笑了一下,转过身对看守比尔说:"现在事情已经变得非常明显了,你把牧师放出来吧……"

奇怪,多利警长是如何判断出牧师被关在哪个牢房的呢?

侦破提示:该案有些难度,需要细细推敲一下了。

被偷的古董花瓶

侦破难度系数:★★★★　　破案时间:8mins

侦探现场

这天,贝丝夫人焦急地站在白色柱饰的豪宅门前,迎接匆匆赶来的探长。探长刚刚走上豪宅门前的台阶,贝丝夫人神色就非常紧张地说:"探长你可来了,我家被盗了!"

探长连忙和贝丝夫人一起走进客厅,这时热腾腾的咖啡已经给探长准备好了。探长慢慢地喝了一口，随后不紧不慢地问贝丝夫人："夫人，请您说说整个案件的经过，你们家到底丢了一些什么样东西？"

贝丝夫人连忙告诉探长："这个贼一定十分清楚自己想要偷什么，因为我家里丢的唯一东西就是一个古董花瓶。这个古董花瓶，我原本是打算将它卖了，因为上周我刚给一名古董商打过电话让他们进行估价。探长，我对古董这东西一窍不通，所以才想到要请他们帮忙。我本来是打算今天下午将花瓶拿过去给他们看看的，可是万万没有想到却被贼给偷了。"

探长听完后，想了一下说："哦，是这样！那么，在您家里还都有谁知道古董花瓶要被卖掉的消息呢？"

"除了我家人和几个朋友外，还有家里的女佣、管家以及厨子，也都知道古董要被卖掉这件事。"贝丝夫人细想了一下说道。

"是这样，花瓶被盗这件事，除了您之外还有没有别人知道？"探长问。

"没有。"贝丝夫人回答说。

那么，我可以和您所雇佣的人分别谈谈吗？"探长望着贝丝夫人说。

"当然可以，没问题！"

于是，贝丝夫人就让人将佣人们一个个地叫了上来。第一个上来的人是女佣赖斯，她听说花瓶被盗之后她显得非常吃惊，就对探长说："我听说夫人要把那个花瓶卖掉，我还挺高兴的，因为那废物经常沾满灰尘，我还要天天擦它。那个东西非常普通，真不知道有谁会去偷它，看那样顶多能卖个20美元，根本就不值得为此冒险去偷。"

第二个上来的人是管家，他说："每次我在经过那个花瓶时心里都非常紧张，走路都要蹑手蹑脚、小心翼翼的。那个东西可值钱了，谁都知道那是个真正的古董，不但有些年头而且还非常精美。"

第三个上来的人是厨子，他在听说家里遭窃后，显得也非常吃惊，他说："天哪！怎么会遭贼了呢？这个小偷果真只偷走了花瓶吗？哎，他可真是太笨了，是我的话，我一定连那些银制餐具也偷走。对了，还有房子里的那几幅画也挺值钱的……"厨子的话还没有讲完，贝丝夫人就狠狠地瞪了他一眼。

"哈哈，是啊，如果是你干的话，那么你肯定会把屋内的东西洗劫一空

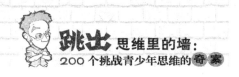

的。"探长笑着接过他的话,转过头又对贝丝夫人说,"恐怕我得把赖斯带回去详细盘问一下了。"

贝丝夫人听到探长这样说后,非常吃惊地问:"小偷难道是赖斯?天哪,这实在太让人难以置信了!"

各位读者,探长为什么会怀疑女佣赖斯呢?

> **侦破提示:**从女佣赖斯说的话里寻找答案。

放哨的人是谁

侦破难度系数:★★★   破案时间:12mins

侦探现场

在寒冬的一个极冷夜晚,贝尔利警员刚刚巡视到一家商店的门口时,突然有一只猫从他身边蹿进了一个小胡同里。贝尔利一惊,待他注意看那只猫时,忽然发现石城珠宝店的橱窗里有一丝手电筒的光亮闪过。

贝尔利心想里面一定有小偷,于是立即请求局里支援,不一会儿就有一辆警车赶到了这里。三个警员拔出手枪,封锁了商店的前后门。可是为时已晚,这些盗贼们都已逃跑。三名警员进入珠宝店里后,发现展橱已经被打开了一半,这说明,当他们来的时候就已经有人给盗贼们通风报信了。

贝尔利想了想,说:"他们在附近一定有放哨的。"几秒钟后,他的判断得到了事实的证明。有一个警员在珠宝店的地板上找到了一部电话机,看来这是盗贼们在忙乱的时候丢掉的。

"快!快出去!"贝尔利说,"刚刚我在外面看到有3个人在游荡,我想其中一定有放哨的……"

于是警员们立即行动,他们搜查了10个街区,并且逮捕到3个在大街上闲逛的人。

贝尔利问："你们刚刚都在干些什么？"

"那个时候我在等公交车，"第一个人拄着白手杖，眼戴墨镜徐徐说道，"我是一个盲人，在石城珠宝店的隔壁做会计工作，不过今晚我加班，刚刚我是听到了大街上有动静，可惜的是我看不见。"

第二个回答的人是一个女子，她在寒风中瑟瑟发抖地对警员说："那个时候我的车子坏了，我是走出来找修车的地方，你们不信的话可以检查我的车子，现在它还是坏着的。"

第三个回答的人是一个四处流浪的酒鬼，他的手里拿着喝了一半的威士忌酒瓶，并且酒瓶里酒已经有部分结了冰。"那个时候我正在想一些事情，"他含糊不清地说，"好想找一个暖和的地方安安静静地睡上一觉。"

"一个盲人，一个陷入困境的开车人以及一个酒鬼，"贝尔利对其他的警员低声说，"我知道他们其中谁是替盗贼放哨的了，这个人就是那酒鬼。"

各位读者，贝尔利为什么会说替盗贼放哨的人是酒鬼呢？

侦破提示：把注意力放在那瓶酒上。

中毒的影星

侦破难度系数：★★★★　　　破案时间：13mins

侦 探 现 场

这一天，年轻影星莱克在参加完电影节后，便驾车来到了好友欧伯斯和他的太太为其准备好的家庭宴会。

当这位影星走进客厅里时，众多的亲朋好友纷纷走过来向他表示祝贺，同时也频频举杯，尽管莱克每次都只喝了一点点，但是还是觉得有些头晕。

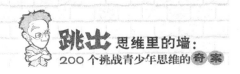

　　这时，一直盯着莱克的欧伯斯拍了拍手，便用叉子叉着一个沾满调味汁的大虾走上前："莱克，恭喜你成为一名著名的影星，今晚我们为你准备的家庭宴会怎么样？来来来，别光顾着喝酒，先吃一只大虾吧！"说着，欧伯斯便将大虾递了过去，谁知他脚下一个趔趄，手里晃动的叉子就把虾上黑红的调味汁碰到了莱克雪白的领带上，这条干净的领带当即污迹斑斑。

　　这时，欧伯斯急忙地抱歉说："哎呀，非常对不起，都怪我，真是对不起。"

　　"哎，没什么，不就是一条领带吗……"莱克毫不介意，拿出手帕就想把上面的污迹擦掉。

　　就在这个时候，欧伯斯夫人快步地走了过来，说："真不好意思，不过用手帕擦将会留下痕迹，在洗手间里有一瓶洗洁剂，我拿去帮你洗洗吧。"

　　"不用了，夫人，真的没有关系！我还是自己去洗，夫人您去应酬其他的客人吧。"因为有欧伯斯在场，所以莱克客气一番后，就迅速地朝洗手间走去。

　　那瓶洗洁剂就放在洗手间的架子上，莱克将液体倒在领带上后就擦拭污迹，不一会儿污迹就被他给擦掉了。之后他又返身回到宴会席上，一边喝着威士忌，一边与他人谈笑风生。只一会儿，莱克的身子突然晃了一晃，一头栽倒在地，手里的威士忌酒杯也滑到地上摔得粉碎。

　　参与宴会的人们见此，愣了几秒后突然举座哗然。有人慌忙上前查看，有人急忙拨打急救电话，只一会儿急救车便赶了过来，当即把莱克送往医院，可是为时已晚莱克已经没有了呼吸。

　　最后，医生诊断莱克的死因是酒精中毒。

　　就在这个时候，警长带着几名刑警赶到了医院，在经过详细调查后，他们又来到欧伯斯家里。警长在经过一番查验后，便认定欧伯斯夫妇就是杀人凶手。

　　那么，警长为什么会认定欧伯斯夫妇是杀人凶手呢？

　　侦破提示：请把破案重点放在欧伯斯夫妇一系列行为上。

密封仓库中丢失的古董箱

侦破难度系数：★★★　　破案时间：12mins

侦探现场

左拉斯是一个古董收藏家，平日非常谨慎，他把自己那些珍爱的古董都装在 10 只箱子里，然后锁在几乎是密封的仓库，并且每天都要亲自去查看一番。

这天早上，当他照例去检查仓库时，发现里面竟然少了 1 只箱子，他当即报了警。罗宾警长赶到后，左拉斯便对他说："仓库的钥匙只有我一个人有，并且我每天都贴身携带，根本不可能被别人偷走。"

罗宾警长听完后，便来到仓库。他发现这几乎是一个封闭式的小屋，只有屋顶上有那么一个小天窗，天窗上安装的铁栅栏掉了两根。不过在天窗上却布满了蜘蛛网，而且还可以清楚地看到网上有 3 只大蜘蛛，这些说明偷窃者不是从天窗上钻进来的。

这时，罗宾警长问左拉斯："仓库里藏有古董箱子，除了你之外还有谁知道？"

左拉斯想了一下，回答说："哦，我的外甥也知道，他是一个无耻的赌徒，不过早就被我赶出家门了。我的这个仓库看起来就像是一个全封闭的铁室，他是根本进不来的啊！"

罗宾警长想了想后，语气肯定地说道："如果真的没有第三个人知道，那么偷古董的人就是你的外甥。"

警方抓住左拉斯的外甥后，经过一番审问，小偷果然就是他。

各位读者，左拉斯的外甥是如何进入这个几乎是密封的仓库？罗宾警长又是凭借什么断定出古董就是他偷的呢？

侦破提示：请注意那个天窗。

聪明的漂亮小姐

侦破难度系数：★★★　　破案时间：5mins

侦探现场

　　这一天，杰克警员给自己的上司波文警长出了这样一个有趣的题目："有一天，一位富翁招待客人，他在10米见方的豪华地毯正中间放了一顶金光闪闪的王冠。他对着客人们说，'女士们，先生们，如果谁要是能不上地毯就拿到这顶王冠，前提是只能用手不准用其他任何工具，只要谁能拿到，那么我就把它作为礼物赠送给这个聪明的人。'富翁的话刚说完，客人们就都聚集在地毯周围争先恐后地伸出手，然而谁都够不到。就在这个时候，一位漂亮的小姐笑着说：'让我来试一试！'说完，她便轻而易举地拿到了王冠。亲爱的警长，你知道她是用了什么样的办法吗？"

　　波文警长想了一下，很快就给出了答案。

　　各位读得，你们知道答案是什么吗？

> **侦破提示：**从地毯入手。

夏天里的谋杀案

侦破难度系数：★★★　　破案时间：10mins

侦探现场

　　在一个炎热的夏天，布德警长来到圣地哥城度假，此刻他正躺在一家宾馆的房间里,可是让他气恼的是这家宾馆的空调坏了,36度的高温让他烦躁不安。

就在这个时候,只听"砰"的一声沉闷声响打断了布德警长烦闷的思绪,凭着职业敏感,他听出这是一声枪响。

于是布德马上和赶来的服务员来到楼上的房间里进行查看。服务员打开房间后,他们发现房间里有一个男青年倒在血泊中,在他的手上还握着一把手枪,子弹已经穿透了他的心脏,在旁边的桌子上端端正正地放着一张遗书。该房间里到处都散落着乱七八糟的手稿,房间的窗户也是紧紧反锁着的。

吃了一惊的服务员当即报了警,而布德则继续查看现场。这个死者似乎是一个不成功的作家,在他留下的遗书里充满了自己对命运的失望,看情形他是因为不能实现梦想而自杀的。很快,当地的警察便赶了过来,他们开始整理房间内的证据。他们先是检查手枪,在枪上发现了死者本人的指纹,并且这把手枪只射出过一发子弹。之后,经过笔迹比对,桌子上的遗书也是死者本人所写,看样子这还真是一起自杀案件。

由于这天气太热,布德开始四处寻找电扇,可是他却在桌子下面找到了掉落的电扇。这可能是死者在倒地时刚好压到了电源线,随即又带倒电扇。布德拽起电源线,把电扇放回到桌子上,然后再插上电源,电扇即刻转动了起来。这时,布德感觉全身舒服了许多,同时他似乎也想到了什么。

各位读者,你们知道这究竟是一桩自杀案件,还是一桩谋杀案件呢?

侦破提示:从电风扇和放在桌子上的那张遗书入手。

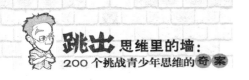

走错房间的房客

侦破难度系数：★★★　　　破案时间：9mins

侦探现场

美国的夏威夷是一个风景优美的地方，每年来这里度假旅游的人不可胜数。

今年，卡特警长向警局请了假，也来到这里度假休闲。他住在海边一座四层楼的酒店里，这家酒店的三、四层都是单人间，卡特住在四楼的404号房间。

这一天，玩了一天的卡特觉得浑身非常疲乏，于是草草地吃完晚餐回到了自己的房间。他原本是想冲个热水澡，然后再休息。

谁知，正当他走进浴室准备向浴池中放水时，门外突然传来两声"嘭嘭"的敲门声。卡特在这里没有熟人，自己在进入房间之前也和酒店的服务员打过招呼，让他们没事不要烦自己。于是，卡特就以为有人敲错了房门没有理会，可是过了一会儿，在敲门声停止后，一位陌生的小伙子竟然径直地推开了房门，并蹑手蹑脚地走了进来。

卡特看到这个小伙子后，故意干咳一声，让他发现。这个小伙子看到卡特后，惊慌的神色瞬间一转而逝，他笑着彬彬有礼地对卡特说："这不是304号房间吗？"

卡特冷冷地回答："这是404！"

"哦，那非常抱歉，想必是我走错了，我住在304。"说着他摊开手中304房间的钥匙让卡特看，以便证明他没有在说谎。

卡特看了下钥匙，然后笑了笑说："这没有什么，走错房门是常有的事儿。"

这个小伙子走后，卡特马上给酒店的保安部打了电话："喂，保安部吗？请你们立即搜查一个304房间的客人，他目前正在四楼进行行窃。"保安闻讯快速地赶到四楼，他们当场抓到了正在别的房间里行窃的那个小伙子，并且还从他身上和房间里搜出了大量的首饰、大笔现钞以及自己所配制的钥匙。

之后，酒店的保安人员们十分困惑地问卡特："警长先生，您是怎么知道他就是窃贼的呢？"

各位读者，你们知道卡特警长为什么会知道那个小伙子是窃贼的吗？

> **侦破提示**：把破案的视线转向窃贼进入卡特警察房间时发生的事。

几年后的红枣

侦破难度系数：★　　　　破案时间：3mins

侦探现场

民国初年，有一位商人要出趟远门，他家里存有一大笔银元，因为无法随身携带，所以他就把这些银元放进一个坛子里，然后骗邻居说里面装的是红枣，托他代为保管。

商人这一走就是好几年，有一天，好奇心发作的邻居把这个坛子打了开来，发现里面并非红枣而是银元，于是贪财心加上不被信任心泛起，就把坛子里的银元拿了出来。

几年后，这个邻居听说商人回来后，就将坛中装满红枣，然后严密地封了起来。商人回家后，就找邻居索要坛子，邻居把装有红枣的坛子递给了他。这位商人将坛子打开后，顿时傻了眼：呀！银元怎么变成了红枣？

商人就跑到邻居家问："我那坛子里的银元呢？"

邻居死不承认地说："什么银元，你当初交给我的就是红枣！"两个人互相吵了起来，最后商人没有办法，只能拉着邻居一同见官。

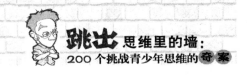

县官便问那个邻居:"他说当初把坛子交给你时,里面放满了银元,他说的可是实情?"

邻居回答说:"哪有什么银元,他将坛子交给我的时候就说是红枣!不信你问他!"

商人一听就急了,连忙说:"当初我是怕你私吞,所以才故意说是红枣的,里面被我装满了银元。"

县官见二人互相扯个不休,就命人拿来那个坛子,他从里面抓了一把红枣,仔细看过后,将桌子一拍,大喝一声要这个邻居赶快把银元交出来。

这邻居连忙大喊冤枉,最后县官摆出事实,这个邻居才不得不低头认错,说自己是一时糊涂并乖乖地将一坛子银元还给了商人。

那么,这个县官究竟是凭什么断定出坛子里放的是银元的呢?

侦破提示:仔细想想那坛红枣。

职业杀手

侦破难度系数:★★★★　　破案时间:13mins

侦探现场

晚上,天空中飘着小雪。巴克警长在23:30分接到一起报案,于是他当即赶往现场。

案发现场位于繁华街道上一条胡同里的一家面馆,在面馆外挂着一条印有面馆字号的布帘,并且在大门玻璃上还笼罩着一层雾气。室内热气腾腾,从外面根本无法看见室内情形。

巴克警长赶到后,急忙拉开面馆的玻璃房门,可是迎面扑来的热气却呛得他一时喘不过气来,落在他肩头的雪花立即融化了。巴克警长环视了一下屋子,在最里面角落的一张桌子上,有一个男子头扎在一大碗面条里,太阳穴上中了一枪,碗里流满了殷红的鲜血。

"警长先生,你看深更半夜的真是让您受累了。"面馆老板凑上前搭话。

巴克看了看老板,突然想了起来,原来他就是以前被同事抓过并坐过牢的那个家伙。

"当时的情景是怎么样的,你把过程详细地讲给我听一下。"巴克看着老板说。

"当时是 23:30 分左右,店里只剩下他一个客人了。这时,他又要了两壶酒和一大碗面条,可是就在他吃的时候,突然从门外闯进了一个人。"

"那么,是那家伙开的枪?"巴克警长问。

"没错,他进屋后,就从皮夹克的口袋里掏出一把手枪并开了一枪。当时,我正在厨房里洗碗。妈呀,这个人可真是神枪手,我敢断定他一定是个职业杀手。他在开完枪后马上就逃掉了,我被这突如其来的事件吓得呆立在那里。"店老板回忆着当时的情景,脸色变得异常苍白。

"案发时,整个店里就你一个人吗?"

"没错,是的。"

"哦,那个嫌疑人的长相如何?"

"这个我不太清楚,他高个子,戴着一副浅色墨镜,在鼻子下面还蒙了一条围巾。总之,他就像一阵风进来后又快速地闪了出去。"

听完老板的话,巴克若有所思地紧紧盯着老板的脸。

"呵呵,真是太可怜了,我想这下子你又要去坐牢了。你以后假如还要说谎,那么就应该编得更高明一点儿!"巴克警长如此不容置疑的口气,把面馆老板吓得浑身一哆嗦。

各位读者,你们知道巴克警长是根据什么识破了面馆老板的谎言吗?

侦破提示:从面馆老板说的话中寻找答案。

不识字人写的家书

侦破难度系数：★★★★　　　破案时间：10mins

侦探现场

明朝中叶，江南一个非常美丽的小镇上，住着小商贩张大山一家。这个张大山虽然目不识丁，但是做起买卖来却十分的精明。这一年的春天，他告别妻子秋菊，前往繁华的京师(今南京)城中做点小买卖。

短短的几个月后，张大山做的买卖挣了一些钱。这一天，张大山独自一人坐在客房里，双眉紧锁脸面布满了愁云。原来，张大山从家里出来的时候，其父亲刚刚得病去世，此前为治疗父亲的病，他们几乎花光了家里所有的积蓄。

他心里知道家中现在一定非常等钱用，自己应该尽快把这几个月挣的银子送回去，可是眼下自己正在谈一笔大买卖，实在是脱不开身。但是，现在自己又不能回去，一想到这里，张大山不禁仰天长叹。

就在此时，一个油头粉面不务正业的青年男子走进了张大山的屋中："老哥，我听说你最近发了大财，可是为什么还要唉声叹气呢？"

张大山一看，来人正是自己的同乡邻居杨不三，于是赶忙起身让座。这个杨不三看了看屋内没有别人，就故作神秘地俯在张大山的耳边，轻声说："老哥，我这次来京师真是福星高照，你猜猜我这次一共赚了多少？"

张大山上下打量了一番他，然后摇了摇头。

"这个数！"杨不三晃了晃四根手指。

"啊，你挣了40两啊，可是我怎么没有听起别人说过呢？"

"切，什么40两，再翻十倍。"杨不三坐下后跷着二郎腿说。

"蒙谁呢？你又没有做生意，上哪儿挣这么多！"

"嘿，你还不信！我挣钱的渠道和别人是不同的，这些都是秘密。你想啊,要是谁都知道,我还上哪儿挣这么多呀!哦,对了,我很长时间都没有回家了,打算明天就回去。"说到这杨不三看了一眼张大山那愁云满面的脸,接着说,"老哥,你要不要向家里捎个信?"

"噢,对了!"张大山一拍大腿,经杨不三的提醒他才想起要往家里捎银子的事,忙说,"杨老弟,我正想托你给我家中捎点银子回去呢,你看方便吗?"

"你客气什么,这有什么方便不方便的,放心好了,我一定给你捎到。"杨不三连连点头答应。

张大山看到杨不三同意,非常高兴地借来了笔墨纸砚,这时站在一旁的杨不三感到十分的奇怪,心想:"这个小子斗大的字不识一个,怎么竟然写起家书来了。"于是,他好奇地凑过去一看,这一看差点没把他给笑死。

原来,张大山写的并不是字,而是画了一幅十分奇特的画。他在纸上画了 3 座高山,每座山头上还画有一面小旗。杨不三看了半天也看不出个所以然来,他想这可能是张大山画给儿子玩的,于是就问:"你干吗要给儿子画这样的画?"

张大山张口刚想说些什么,话到嘴里却又生生地咽了回去,他拿出 30 两白银,连同这幅画一起交给杨不三。也就半个来月,杨不三带着银子和那幅画来到了张家,秋菊得知丈夫托杨不三给自己捎来了银子,心里十分的欢喜。她在接过杨不三交给自己的 10 两银子后,又打开丈夫托来的画,这一看不打紧,看完后她立刻将杨不三紧紧地拽住,责问他:"孩子他爹托你捎回了 30 两银子,可是你为什么才交给我 10 两?"

"不……不会吧?"杨不三的脸一下变得通红,嘴里嗫嚅着也不知说了些什么。

这时,秋菊指着画把其中蕴涵的意思告诉给了他,杨不三当即羞愧难当,拿出了 20 两银子,讪笑着说道:"我常听张哥说嫂子聪明,是想考考嫂子哩!"

咦,奇怪,秋菊是如何知道丈夫给自己捎来了 30 两银子的呢?

侦破提示:这需要好好捉摸一番了,谜底就在这幅画里。

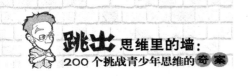

一只大肥兔

侦破难度系数:★★★★　　　破案时间:10mins

侦探现场

这一年盛夏,西方某电器公司举行了一次烧烤晚宴,想以此来联络一下员工间的感情。

到了晚上,员工波顿拿着一只肥兔,说要在宴会后把它给烧烤了。

晚宴到了最后,公司的多数员工尽显疲态,谁都懒得再动一下。而这时,整个公司只有巴尔和波顿两人还意犹未尽,仍在兴高采烈吃着肉喝着酒。就在这时,波顿把他带来的那只非常有精神的肥兔拿了出来,说这只兔子是自己在山上捉的,要送给巴尔吃。

这巴尔是个美食家,对肉类食物最为钟爱,他一看到眼前这只肥大的兔子后,就兴奋地将它烤熟吃了。

谁也没有想到,晚宴结束后,众员工返回公司的路上,巴尔竟然在大巴上大喊肚子痛,不一会儿便没了呼吸。最后警方的验尸报告证实,巴尔是死于食物中毒。

各位读者,你们知道巴尔为什么会中毒身亡吗?

侦破提示:该案不难,熟知兔子的读者应该很快就能解出答案。

供词里的错误

侦破难度系数：★★　　　破案时间：5mins

侦探现场

最近，菲尔逊小城的居民遇到了一大堆的烦心事，由于失业率增加，致使该城犯罪案件居高不下。不过当前更糟糕的是，公交公司的员工因为工资太低，所以引发了全体员工的大罢工。

看样子，这所小城的一切都乱了套，可是今天又出了一件让人们觉得雪上加霜的事——乐于助人的凯尔夫人竟然惨遭匪徒杀害！警方在接到报案后，当即赶到了现场，经过多方走访调查，警方拘捕了两个嫌疑最大的人——流浪汉多利和在银行工作的查德。

在审讯过程中，多利的供词如下："当时，我正在街上到处溜达，想找一点吃的充饥，突然听到了一个妇女的尖叫声，于是我就跑过墙角，看到了凯尔夫人躺在地上。当时，那位查德先生也站在她的身边，可是他看见我后，就立刻撒腿跑掉了。后来，我就打了报警电话。"

警方接着审讯查德，他则是这样说的："当时，我正坐在公共汽车上，准备前往我常去的那家俱乐部找朋友们打扑克玩。可是，我下车后就听到拐角处有人发出了一声尖叫。于是我就冲过去，这时正好看到多利用刀刺着凯尔夫人的身体。我原本想把他抓起来，可是他在看到我后就撒腿跑了。后来，我就打电话报了警。"

警长托斯看了看两人的供词，立即肯定地指出了他们其中一个就是凶手。

各位读者，你们知道凶手是谁吗？

> **侦破提示**：当时全城的公交员工正在闹罢工，不提示了，各位应该想到了吧。

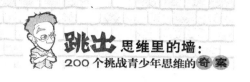

证人证词

侦破难度系数：★★★　　破案时间：11mins

侦探现场

在一个大雪纷飞的夜晚，波顿警长正在值班，突然警察局里的电话骤然响起。波顿接过电话，里面传出："喂，是警察吗？有人在××区××号的17楼被人杀害了。"

波顿警长放下电话后，当即带着助手赶到了现场。来到现场后，他发现死者是一位非常有名的歌星，报警人告诉他："我和她（死者）今天晚上约好要一起去她家吃夜宵的，可是我在打了很多遍电话都没有人接后，我害怕出了什么事就赶到这里看看情况。可是，没有想到，她竟然被人杀害了。"

听完报案人的话后，波顿警长马上开始检查现场：屋内一切东西都没有被翻动，在桌上还有几封遇害歌星的私人信件，并且在窗台边的火盆里还有一些被烧过后的纸灰，现场凶手没有留下任何有价值的线索。

波顿警长开始陷入了沉思，过后他走到了窗台前，因为窗帘没有拉起来，所以他用手掀开了窗帘。这时，他看到对面17层楼上亮着的灯光，这两座楼距离非常近。

"或许可以找对面楼里的人问一下情况，说不定会有什么意外的惊喜。"波顿警长心想。

波顿警长马上带着助手来到了对面楼的17层，并叩响了那户人家的房门。

房门打开后，是一位年轻男性，波顿警长问他："今天，你一直在家吗？"

"没错，先生，我下班后就一直待在家里。外面太冷了，在家比较暖和一些。"

"哦，那你有没有看到对面那家有什么异常情况，或者你听到过什么吗？"

"是的，大概21点左右吧，那位小姐家里来了一个男人，身高大概有1

米 75,嘴里叼着一个烟斗身上还穿着一件皮袄。他们说了一会儿话后,二人就发生了争吵,接着又开始打了起来。最后,那个男的杀死了她……"

波顿警长没有等他把话说完,就用一副锃亮的手铐把他的手腕铐了起来:"先生,我想你需要跟我们走一趟了!假如你不是杀人者,那么我想你也一定知道杀人者是谁,至少你们是合谋者。"

各位朋友,你们知道波顿警长所依据的是什么吗?

侦破提示:密切注意死者家中的窗帘。

夜半钟声之谜

侦破难度系数:★★★★★　　　破案时间:15mins

侦探现场

何老伯是村里夜巡队的一名队员,这天夜半时分村口的小卖店门前突然闪出一个黑影。这个黑影掏出一柄长长的尖刀,轻轻地拨开了小卖店的门闩。

这天负责巡夜的是何老伯,他走到村口时,隐隐地听到小卖店里传出物品被翻动的声响。于是,他就拿着棍子,悄悄地走到小卖店门口。可是就在这个时候,他的脑袋重重地挨了两棍,脚步当即站立不稳,最后摇摇晃晃地"扑通"一声倒在了地上。

这个歹徒把小卖店洗劫一空后,便扬长而去。何老伯在歹徒逃离现场的时候,慢慢地苏醒了过来。这时,他挣扎着欲爬起来,可是身体已经被歹徒绑在了木椅上。他想张嘴喊人,但是嘴里又被紧紧地塞上了毛巾。这时,他只能怨自己警惕性不高,没有在察觉不对的情况下喊人。不过,现在说什么都已经晚了,他又急又气地竟然又昏迷了过去。

第二天清晨,有人路过村口,看到小卖店木门大开,何老伯又被歹人绑

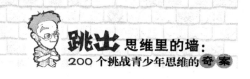
起来后,急忙地报了警。

当地派出所所长老王和民警小陈马上赶到了现场,他们见何老伯头上的伤不算太重,加上神志也清醒了许多,老王就对小陈说:"我去检查一下现场,你留在这里,问问何老伯案发时的情况。"

老王走到小卖店里,开始仔细察看现场,可是这个犯罪分子太过于狡猾,现场没有留下一点线索,不说脚印就连指纹也没有找到半点。而这时,小陈看到何老伯精神好了许多后,就问他:"您记不记得案发时是什么时间?"

"我记不清了。"何老伯眼皮翻了翻硬是没有想起来。

"那您是什么时候醒过来的呢?"

"这个我也不晓得。"

"那犯罪分子长得什么样,您还能记得吗?"

"我都没有看见他!"

小陈见他一问三不知,便有些不耐烦地说:"你这也不知那也不晓,那你告诉我,你都知道些什么!"

何老伯被小陈说得满脸通红,犯错一般地低下了头。

就在这时,墙上的大钟"当当当"地响了起来,何老伯听到钟声后,似乎想起了什么,惊呼地说了句:"我知道了,我知道了那小子是什么时候逃跑的了。"

小陈一听,忙问他:"想起了什么?"

何老伯把眼睛眯成一条缝,皱着眉头回忆道:"那个小子在走的时候,可能是怕我喊村里人,就把我往椅子上绑。他这么一折腾,倒是把我给弄醒了。当时,我虽然什么也没有看见,但是却听到了几声钟响。"

"几声?大钟响了几下?"小陈急忙问。

"是4声。"何老伯肯定地回答。

"哦,这太好了!这说明那个罪犯是在4点时逃离现场的。"

小陈终于问出了一点线索,兴奋地刚想出去找老王,可是却又被何老伯喊住了。

何老伯告诉他:"我是听到了4声钟响,可是这并不代表就是4点钟。"

"你什么意思?4声钟响不就是4点钟吗?"小陈疑惑地看了看何老伯。

"那个钟声不是连续的,是隔一段时间才响一下。"

"哦,那么中间的间隔时间有多长呢?"

"半个小时。"

"半个小时,那会是几点呢?"小陈想了想,突然想到了一个主意,他把墙上的大钟摘下来,现场做起了模拟实验。可是他弄来弄去,除了4点钟以外,再也找不出间隔时间相同的4下钟声。于是他又问何老伯:"您老没有记错?"

"我眼不花耳不聋,绝对没有记错!"

"可是,你看这钟能打出间隔3下钟声的,只有12点30分一声,1点钟一声和1点30分一声,再也不可能比这多一声的了。

"是啊,这到底是怎么一回事呢?"何老伯也感到莫名其妙,不过他仍然坚信自己没有听错。

就在这时,老王探查现场回来了。小陈把这4声钟响的事一说后,老王当即明白了怎么一回事,于是他就对小陈说:"我知道嫌疑人逃离现场是在什么时候了,现在我们马上进行拉网式寻查,查清所有人在半夜12点时都在干些什么?

按照这个时间进行寻查,他们很快就抓住了嫌疑犯。

各位读者,这个嫌疑犯逃离现场的时间是在半夜12点,那么何老伯为什么又会听到4声钟响呢?

侦破提示:细细想想,别误入了歧途,就从钟声下手。

下 篇
推理游戏

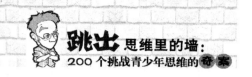

爱吃醋的丈夫

推理难度级别：★★★★　　破解时间：11mins

推理现场

有一个刚落成的新小区,住进了三对新婚夫妇,这天他们同时收到了请帖要到西城区赴宴,可是当他们走出小区后,发现门外只停着一辆可以容纳两人坐的小汽车,并且还没有司机。

因为是新婚,所以这几个丈夫的忌妒心特别强,随时都要保护自己美丽的新婚妻子,不让妻子和别的男人待在一起。

各位读者,你们知道这三对夫妇该如何前去赴宴?他们最少需要往返多少次吗?

> 推理提示:题目里只说"不让自己的妻子和别的男子在一起",但是并没有说不准自己的妻子和别的女子在一起。呵呵,知道了吧。

新人对对碰

推理难度级别：★★★★　　破解时间：14mins

推理现场

在一个春暖花开的喜庆日子里,有三位英俊的男青年 A、B、C 在情人节这一天将与三位美貌的少女甲、乙、丙结婚。有个很八卦的人去向他们打听他们要娶的新娘人选,以下即是他们的回答:

A 先生说:"我要娶的是甲姑娘。"

甲姑娘说:"我即将要嫁给 C 先生。"

C 先生说:"我是要和丙姑娘结婚。"

这个八卦的人一时被他们搞得莫名其妙,直到他们六个人举行婚礼的当天,才知道了正确的答案——原来 A 先生、甲姑娘、C 先生三人都没有说真话。

各位读者,你可以推测出来这六个人到底谁与谁结婚了吗?

推理提示:其实很简单,因为上文中说 A 先生、甲姑娘、C 先生三个人都在说谎,即可得知这一题的答案了。

谁犯有贪污罪

推理难度级别:★★★★   破解时间:14mins

推理现场

某市一个法庭里正在上演一场关于经济贪污纠纷案件,在这起案件里,有甲、乙、丙、丁四个涉案人员,这四个人被指控犯有贪污罪。而 A、B、C、D 四个律师分别为甲、乙、丙、丁这四个人辩护。四位辩护律师在法庭上说了以下四种意见:

A 说:"甲没有构成贪污罪。"

B 说:"只有乙或丁两人才构成贪污罪。"

C 说:"丙构成了贪污罪。"

D 说:"乙和丁都没有构成贪污罪。"

后来,经过调查发现 A、B、C、D 四个人中,只有一个人说的话是正确的。

各位读者,你们知道在这起案件中,到底谁才是真正构成了贪污罪的人呢?

推理提示:这道题目特别简单,只要稍微做个假设,就可得知谁才是那个构成贪污罪的人。

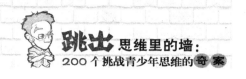
美味的糖果

推理难度级别：★★★★　　　破解时间：14mins

推 理 现 场

　　艾丽是一个非常乖巧聪明的小女孩，她特别喜欢吃糖果，在星期一到星期四的四天中，她每天都要吃奶糖和玉米糖。她吃奶糖的数量每天都不相同，奶糖的数量是一颗至四颗；玉米糖的数量也不同，数量是一颗至五颗，然而她每天吃的糖果总数都会比前一天吃的糖果总数多出一颗。此外，每个星期二她只吃一颗奶糖。

　　请问：艾丽每天吃了多少颗奶糖和多少颗玉米糖？

> 推理提示：根据"每天吃的糖果总量都会比前一天增加一颗"的要点，即可推出艾丽每天吃的奶糖和玉米糖数量。

真真假假

推理难度级别：★★★★　　　破解时间：14mins

推 理 现 场

　　小张和小李是一对非常要好的朋友。有一天，这两个人为了一件事情吵了起来。小李批评小张说假话骗人，小张却对天发誓说："我这一次绝对没有说谎骗人。从我出生到目前为止，我仅说过3次谎话。"小李反驳小张说:"你说你从出生到现在只说过 3 次谎话,你这句话本来就是一句假话,就算是真的,那么这也是你第 4 次撒谎了。"

各位读者,小李的这种说法到底有没有错呢?

推理提示:这道题并不是很复杂的推理题,只要运用举例排除法即可得知题中的答案。

盲人的特异功能

推理难度级别:★★★　　　破解时间:7mins

推 理 现 场

在一个非常热的夏天, 双目失明的杰克来到市场上想买一个罐子。当他走到一个卖罐子的摊位前,他把摊子上所摆着的四只白罐和一只黑罐全部都摸了一遍后,然后对商人说:"我想要买这个黑罐子。"

这个商贩听后大吃一惊,还以为杰克是假装失明的,否则的话他怎么可能知道这个罐子是黑颜色的呢?难不成他有特异功能吗?

各位读者,你们知道其中的道理吗?

推理提示:我们都学过物理,所以该题只需考虑一下热辐射和颜色之间的关系就可以找到答案了。

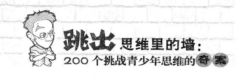

猴子送礼

推理难度级别：★★★★　　　破解时间：13mins

推 理 现 场

秋季是各种果实成熟的季节,有一个果园园主为了吸引游客去参观他的果园, 他让一只猴子在果园边的十字路口向过路的人分发橘子。小猴子见人就发橘子,第一个路过的是一个男子,小猴子将全部橘子的一半送给了这个男子,男子很是好奇,再三推让后总算答应收下,但是出于对小猴子的喜爱,他又给了小猴子一个橘子。第二个过路者是位学生,小猴子又将剩下的橘子的一半送给他, 这位学生与第一位过路的男子一样,也答应收下,但出于对猴子的喜爱,他也送给小猴子一个橘子。就这样,小猴子不停地在路边送橘子,而过路者都同前两个人一样,收下一半后再送小猴子一个橘子。

中午时,园主来看小猴子分橘子的情况,此时,第九十九个过路者走到小猴子面前,小猴子按照惯例,将剩下的橘子的一半送给这个人,而这个人也同样递给小猴子一个橘子。此时小猴子身边还剩下两个橘子了。

亲爱的读者,你们知道这位园主总共让小猴子送多少个橘子吗?

推理提示:看清题目,别被吓到哦,其实很简单,从最后一个人试试看。

怎样才能逃出深渊

推理难度级别：★★★★　　破解时间：11mins

推理现场

这一天，贝斯和莱克用软梯下到一个深渊，准备在渊底探寻洞穴。他们费尽一番力气，在到达深渊底后，刚走了几米，地底忽然就涌出了大量泉水，只一会儿水位就到了腰部，并且还在不断上涨。

贝斯和莱克没有想到渊底会发大水，他们既不会游泳，又没有带其他救生用具，只能攀爬软梯出谷。可是，他们所用的这架软梯负重为两百千克，在攀下的时候他们是一个一个下来的，因为他们各自的体重都在一百千克左右。

当前，假如他们两人同时攀梯，那么势必会将软梯踩断；假如依次攀梯而上，那么水势又太急，这样一来时间肯定来不及。

各位读者，你们能为他们想出一个安全脱险的办法吗？

推理提示：水都是有浮力的。呵呵，想到了吧。

少女大猜想

推理难度级别：★★★★　　破解时间：14mins

推理现场

一天上午，一位年轻的女子在河里洗澡的时候，她放在岸边的衣服被

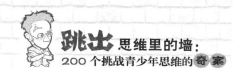

人偷走了。

对于这件奇怪的事情,有四位妙龄少女发表了她们各自的猜想,这四位妙龄少女分别是受害者、目击者、救援者和旁观者。通过这四位妙龄少女的谈话可以得到如下信息——假如是跟受害者相关的内容是假话,那么与其他人相关的内容则是真话。

她们的猜想如下:

贝利:"利亚不是旁观者。"

利亚:"克雷不是目击者。"

欧利:"贝利不是救援者。"

克雷:"利亚不是目击者。"

各位读者,通过以上她们的猜想,你能推测出这四位妙龄少女的身份吗?

推理提示:可以分别假设这四位妙龄少女是受害者进行推测。

排名游戏

推理难度级别:★★★★　　　破解时间:13mins

推理现场

一场精彩的非职业性质的汽车拉力赛即将落下帷幕,前五名运动员在整个赛程中表现得相当出色,夺得围观者阵阵喝彩。据目前成绩预测,这次比赛可能会是以下五种名次排序(每个名次只能有一个人),第一种情况:王晓第二,李明第三;第二种情况:李明第一,丁卫第四;第三种情况:张冒第三,赵亮第五;第四种情况:王晓第二,丁卫第四;第五种情况:赵亮第一,张冒第二。

当这场精彩的赛车结束后,评委给出了最终赛车成绩,很巧的是上述的五种猜测中,各有一句话是正确的。

亲爱的读者,你能很快找出这次精彩比赛的第一名吗?

推理提示:运用假设,先假设一个人是正确的,然后依次推测。

溪水到底能不能喝

推理难度级别:★★★★　　破解时间:11mins

推理现场

在一个晴朗的午后,一位旅行家前往原始森林探险,可是一不小心却迷了路。在这个原始森林里住着一个原始部落,而这个部落里有些人只说实话,有些人只说谎话。

又累又渴的旅行家走到这个部落时,觉得非常口渴,于是就想喝一些水。不久,他发现前方一个亭子边有一条小溪,可是他并不知道这条溪里的水可不可以喝。正在这个时候,有一个部落的人经过,他就向这位村民问了一些问题。

"今天的天气真不错啊!"

"是的。"

"那么,这水可以喝吗?"

"是的。"

各位读者,你们知道这溪水到底可不可以喝呢?

推理提示:题中隐含了一个可以确认这位村民所说的话是真还是假的条件。

摩天大楼里的住户

推理难度级别:★★★   破解时间:7mins

推 理 现 场

伊登说他住在一座摩天大楼里,该楼共有36层。他说,这座楼里有好几部电梯都是在同一时间运行,并且每部电梯无论是向上还是向下,只要路经每一层楼都会停靠。

每天清晨,伊登都会准时离开家门然后乘坐电梯。

伊登说,不管他乘坐哪部电梯,电梯向上的层数都是向下的3倍。

各位读者,你们知道伊登住在哪层楼吗?

推理提示:这是一道数学题,需要仔细想一下。

谁是谋杀案的制造者

推理难度级别:★★★★   破解时间:12mins

推 理 现 场

这一天,警察在犯罪现场抓到了五名谋杀案的嫌疑人,于是就对他们进行了一番审问。以下是这五个人的供词,不过只有三个人说的话是对的。

各位读者,你们能根据嫌疑人说的话,找出这起谋杀案的制造者吗?

阿道夫·哈特说:"杀人犯是大伟·维克。"

斯巴·格尔莱说:"我没有杀人,是无辜的。"

希里尔·萨瑟说:"恩尼·布莱克不是杀人犯。"

大伟·维克说:"阿道夫·哈特在撒谎。"

恩尼·布拉克说:"斯巴·格尔莱说的话是实话。"

> **推理提示**:该题需要根据题目中所给的条件用假设法进行推理。

魔法仙子是谁

推理难度级别:★★★★　　破解时间:14mins

推 理 现 场

密林中有四个美丽的妙龄少女坐在湖边谈笑打趣,她们其中有一个是魔法仙子,但这个魔法仙子总是说谎。而美研和另外两个妙龄少女都是乖巧懂事的孩子,她们从来都不说谎话。快到傍晚时,一个老妇人拿着礼物走到她们的面前,她给这四个少女带来了礼物——两双可爱的长筒靴和两顶红色的帽子。她们争着试穿这些可爱的礼物。奇怪的是,这两双长筒靴是具有魔法力的,如果穿上这双长筒靴,即使是从不说谎的人也会满口谎话。而那两顶帽子同样也是具有魔法力的, 它的法力就是使长筒靴的魔法消失,不过帽子的这种魔力对魔法仙子是不起作用的。

妇人走后不久,这里又来了一个男人,他是来找魔法仙子的。下面便是这四位少女对他所说的话。

佳琪:"露西穿着魔法靴子。"

露西:"美妍戴着魔法帽子。"

恩熙:"美妍穿着魔法靴子。"

美妍:"露西是魔法仙子。"

那么这里到底谁是魔法仙子,谁穿着魔法靴子,谁戴着魔法帽子呢?

> **推理提示**:先要找出魔法仙子,这里可以肯定美妍不是魔法仙子。

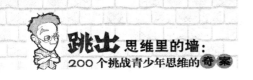
一张扑克牌

推理难度级别：★★★★　　　破解时间：10mins

推理现场

甲、乙、丙、丁四个人坐在桌子边，桌上放着9张扑克牌，分别为1~9。甲、乙、丙、丁每人拿了两张。现在已知甲拿的两张牌之和为10，乙拿的两张牌之差为1；丙拿的两张牌之积为24，丁拿的两张牌之商为3。

现在，请说出这四个人各拿了哪两张扑克牌？最后剩下的一张又是什么牌？

推理提示：需推断出丁拿的两张牌，然后再对其他三个人所拿的牌进行推断。

伟尼帽子的颜色

推理难度级别：★★★★　　　破案时间：10mins

推理现场

在一次派对上，主办方在台上准备了3顶蓝色帽子和2顶白色帽子，扮演小丑的伟尼、戴尔、比杰站在表演台上排成一列。伟尼后面站着的人是戴尔，戴尔后面站着的人是比杰。

3个人的头上分别戴了一顶帽子，而剩下的2顶帽子则被藏了起来。他们3人能看到前面人戴的帽子颜色，不过却看不到自己的。

主持人问："比杰，你头上戴的帽子是什么颜色的？"

"不清楚。"比杰回答。

"那么戴尔头上的呢？"

"这个我还是不知道。"

就在这个时候，谁的帽子都看不到的伟尼却大喊了起来："哦，我知道我头上的帽子是什么颜色的了！"

各位读者，那么伟尼所戴的帽子是什么样的颜色呢？

> 推理提示：该游戏需要根据各自所站的位置以及说话的内容来推导。首先我们可以从比杰的回答中判断出戴尔和伟尼所戴帽子的颜色有哪几种情况，然后再根据前面两个人戴帽颜色，以及结合戴尔的回答进行推理。

数字游戏

推理难度级别：★★★★　　　破解时间：13mins

推 理 现 场

有三个人经常会用真假话混合数字来玩游戏，下面即是她们平时经常玩的一种真假话数字游戏。

小麦说："夏琳比我大 3 岁，阳光比我小 4 岁。"

夏琳说："小麦的年龄是 6 的倍数，阳光比小麦年龄大。"

阳光说："我比小麦大 1 岁，小麦的年龄是 7 的倍数。"

有趣的事开始喽，记住，她们所说的话不一定全部可信哦。她们所讲的六句话中有一半是真话，一半是假话。这里年龄最大的那个人是一个最诚实的人，她所说的两句话全部是真话，而年龄最小的那个人说的两句就全部是谎话了，另外一个人讲的两句，则一句是真话，另一句是谎话。她们的年龄范围是在 31 岁和 40 岁之间（不包含 31 岁和 40 岁）。

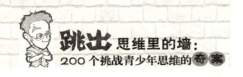
读者朋友,你能在最短的时间内推测出这三个人的年龄吗?

猜数字

推理难度级别:★★★★★　　　破解时间:15mins

推理现场

一天中午,小王和小刘、小陈三个人在一起玩游戏。小王在两张小纸片上各写一个数,而这两个数字都是正整数,但两者之间相差的数为1。他把其中一张纸片贴在了小刘的额头上,而另一张纸片则贴在了小陈的额头上,这时这两个人只能互相看见对方额头上的数字。

小王不断地向这两个人提问:"你们两个人谁能猜到自己额头上的数字?"

小刘说:"我……我猜不到你写了什么数字。"

小陈说:"我也猜不到你写的数字。"

小刘又说:"我还是猜不到。"

小陈又说:"我也猜不到。"

小刘仍然猜不到。

小陈也猜不到。

小刘和小陈已经连续三次没猜中。

到了第四次时,小刘突然大喊起来:"我知道了,我知道了!"

这时小陈也大喊说:"我也知道了!"

各位读者,你们能猜想到小刘和小陈头上各是什么数字吗?

谁是案犯

推理难度级别：★★★★　　　破解时间：11mins

推 理 现 场

这一天，有位银行总经理被人谋杀了。警方赶到后，在经过一番努力搜查，终于抓住了三个嫌疑犯，这三个人分别是：戴伟、尔恩和杰斯。

于是警方就将他们带回去讯问，以下就是他们说话的内容：

戴伟："尔恩不是杀人犯。"

尔恩："他说的话是真的！"

杰斯："戴伟在撒谎！"

他们三个人中有一人说了谎，但是真正的犯人说的话却是实话。

各位读者，你们知道杀人犯是谁吗？

> **推理提示**：该题也不容易，可以用假设法进行推理，然后将对话与条件相矛盾的排除掉。

一幅犯了低级错误的画

推理难度级别：★★★　　　破解时间：7mins

推 理 现 场

这一天，有人拿了一幅中古时期的画给一位著名的艺术收藏家品鉴。

该画是一幅武士比武的图画，从表面上看非常古老，有些地方甚至还

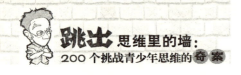
有被虫蛀的痕迹。

这幅图画是四个武士从自己的剑鞘中抽出剑来准备战斗，第一个武士手里剑的形状是直的，第二个武士手里剑的形状是弯的，第三个武士手里剑的形状是波浪形的，第四个武士手里剑的形状是螺旋形的。

收藏家向这幅画稍稍地看了一眼，当即断定出这幅画是赝品。

各位读者，你们知道这位收藏家是如何判断出来的吗？

推理提示：懂绘画的读者大概已经做出了判断，不懂绘画的读者也不必着急，只要细细想一下图画中每个人手里的剑，那么就可以很快地找出答案。

商店的常客人数到底是多少

推理难度级别：★★★★　　　破解时间：11mins

推理现场

调查人员来到一家商店进行调查时，一个商店的服务小姐在回答"光顾商店的常客人数"时，这样回答道："我们这里的常客有一半是事业有成的中年男子，另外四分之一是年轻的上班族，七分之一是在校的大学生，十二分之一是警察，最后剩下的四个则是住在附近的一位老太太。"

请问，这位服务小姐所说的常客到底有多少人呢？

推理提示：因为该道游戏中的常客人数是一个固定值，那么我们可以根据代数中设未知数列方程的方法来寻求答案。

推测营业时间

推理难度级别：★★★★★　　　破解时间：15mins

推理现场

在一个边远的山区小镇上有一家超市、一家百货商店和一家银行，它们每星期中仅有一天是全部开门营业的。它们营业的时间分别是这样安排的：

（1）这三家每星期各自开门营业4天。

（2）周日这一天这三家同时关门休息。

（3）这三家没有一家是连续三天开门营业的情况。

（4）在一周连续的六天中：第一天，百货商店是关门休息的；第二天，超市是关门休息的；第三天，银行得关门休息的；第四天，超市是再次关门休息的；第五天，百货商店是关门休息的；第六天，银行是关门休息的。

各位读者，你们能推算出这个边远小镇的这三家周几是全部开门营业的吗？

> 推理提示：根据文中所讲，可以利用假设排除法推测出这三家的营业时间。

诚实国与说谎国

推理难度级别：★★★★　　　破解时间：13mins

推理现场

荒郊野外的一个岔路口，有两条分别通向诚实国和说谎国的路。这个诚实国的人说话永远都是实话，而说谎国的人说话永远都是谎话。

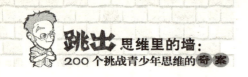

这一天，有一个游客走到了岔路口，他想去诚实国，可是又不知道应该走哪条路。

就在这时，身后正好来了两个人，可是这个游客并不清楚他们是诚实国人还是说谎国人。于是，他沉思了一下，向他们问了一个非常巧妙的问题，最终得到了满意的答案。

各位读者，你们知道游客问的问题是什么吗？

推理提示：呵呵，有难度吧。想想看，他们不是诚实国人就是说谎国人……

纸牌游戏

推理难度级别：★★★★★   破解时间：14mins

推理现场

每到周五这一天，边远这家棋牌室里，都会聚集很多纸牌爱好者，他们对此都玩得乐不可支。这时，在一轮纸牌游戏里，其中一个人的手上握有这样一副牌：

(1)恰好有 13 张纸牌。

(2)而且每种纸牌的花色至少有 1 张。

(3)纸牌每种花色的张数不同。

(4)红心和方块纸牌总共有 5 张。

(5)红心和黑桃纸牌总共有 6 张。

(6)属于"王牌"花色的纸牌共有 2 张。

红心、黑桃、方块和梅花这 4 种花色，哪一种是"王牌"花色？各位，你们能推测出这道题目吗？

推理提示：这也是一道排除题，将重点放在第四和第五的线索上。

差距为什么这么大

推理难度级别：★★★★　　　破解时间：13mins

推 理 现 场

　　陈文贵是一名研究生，所学的专业是概率论，他就读的大学靠近市中心的一处地铁站。

　　这所城市的东边有一个游泳中心，城市的西边有一个网球中心。陈文贵不但爱好游泳，而且又爱好网球。每到周末，他总是站在地铁站里，苦思冥想地做着艰难的选择：是去游泳呢，还是去打网球？常常他会做出这样的决定，假如向东开的地铁先到，那么就去游泳；假如向西开的地铁先到，那么就去打网球。

　　每次陈文贵到达地铁站的时间都是随意的、任意的，例如，有时他是周六上午9:16到达地铁站，有时却是周日下午1:37分到达，没有任何规律可言。而且向东开的地铁和向西开的地铁，都是每10分钟一班，即运行的时间间隔都是10分钟。因此，陈文贵认为，每次不管他是去游泳还是去打网球，坐上地铁的概率应该都是一样的，就像扔一枚硬币，国徽面朝上和币值面朝上的概率一样。

　　可是，一年下来，让陈文贵百思不得其解的是：他用上述方式选择的结果，去游泳的次数竟然占了百分之九十以上，而去打网球的次数还不到百分之十！

　　各位读者，你们能对上面的结果作出一个合理的解释吗？

　　推理提示：难以想象吧！不过想想不同方向的地铁间隔时间，应该就能做出合理的解释了。

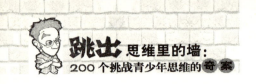

游泳比赛

推理难度级别：★★★★　　　破解时间：11mins

推理现场

一次，甲、乙、丙、丁四个人举行了一次游泳比赛，最后分出了名次，不过这四个人都是出了名的撒谎者，他们说的游泳结果是：

甲："我比乙先到达终点的，可是我不是第一名。"

乙："我比丙先到达终点的，可是我不是第二名。"

丙："我比丁先到达终点的，可是我不是第三名。"

丁："我比甲先到达终点的，可是我不是最后一名。"

以上他们说的这些话中只有两句话是真话，并且得了第一名的那个人至少说了一句真话。

现在，请问这四个人谁才是游泳第一名？他们名次排列的顺序究竟是怎么样的？

> **推理提示**：根据题中"得了第一名的那个人至少说了一句真话"，再结合其他人所说的结果进行推理，这样就可以找到谁是第一名。

好奇怪的一个家庭

推理难度级别：★★★★　　　破解时间：13mins

推理现场

以前有一个家庭，因为成员们说的话让人捉摸不透而出了名。在这个家庭里,男性成员是从来不说谎的,不过女性成员却从来没说过两句连续的真话或是假话。

这一天,一位朋友来到他们家,父亲、母亲正和他们的一个孩子待在一起。

这个客人就问那个小孩:"请问你是男孩子吗?"

他们的回答让这位朋友糊涂了,其中一个大人和孩子的回答是相同的:"是男孩子。"

然而,另一位大人说的话是:"这个孩子在撒谎,她是一个女孩子。"

各位读者,这个孩子到底是男孩子还是女孩子?孩子的回答是真话还是假话呢?

推理提示:该题较为容易,运用假设来进行推理,先推导第一个说话的大人究竟是母亲还是父亲……

谁是最佳网球选手

推理难度级别:★★★★　　　破解时间:13mins

推理现场

科特的家族里大多数人都是网球爱好者,其中还有几位是非职业的网球选手。其中有科特先生、他的妹妹、他的儿子,还有他的女儿,这四位都是非职业的网球选手。对于这四个人,分别出现了以下的情况:

(1)最佳选手的孪生同胞与最差选手性别不同。

(2)最佳选手与最差选手年龄相同。

各位读者,你能找出这四个人中谁才是最佳选手吗?

推理提示:这道题主要是要找出年龄相同的人,去除年龄不同的那个人。

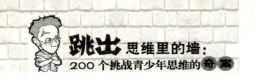

圆圈里有几个女孩

推理难度级别：★★★★　　　破解时间：11mins

推 理 现 场

这一天，安娜和众人一起到郊外露营。当天晚上他们举行了盛大的篝火晚会，许多人手拉着手，围着篝火欢快地跳起了舞。

安娜也是跳舞的人中的其中之一，在圆圈里，每一个跳舞的人左右都是相同性别的人。

这时，细心的安娜发现，在这个跳舞的圆圈里一共有12名男孩。

各位读者，你们知道跳舞的女孩有几个吗？

> 推理提示：这道题需要开动脑筋好好想一下。

性别游戏

推理难度级别：★★★★★　　　破解时间：15mins

推 理 现 场

有一个年迈的老者在拉一个小货车，而货车后面有一个年轻人在推这辆车。这时有个路人向他们走过来，发生了这样一场有趣的对话。

路人："前面那个拉车的老人是你的父亲吗？"年轻人肯定地回答："是的。"路人又跑到车前面问老人："那个帮你推车的年轻人是不是你的儿子?"老年人看了他一眼,很肯定地说:"不是。"

这时路人有点被弄糊涂了,但是他还是不甘心,又一次跑到年轻人身边,路人:"前面那个拉车的老人是不是你的亲生父亲?"年轻人仍然毫无疑问地回答:"是的。"

路人再一次来到车前面问老年人:"后面帮你推车的年轻人是不是你的亲生儿子?"老年人再次看了他一眼同样非常认真地说:"不是。"路人越来越糊涂,难道他们中有一个人在说假话?事实上老人和年轻人说的都是真话。

各位读者,你们仔细思考一下,这两个人到底是什么关系呢?

推理提示:其实这是道脑筋急转弯的题,既然两个人的回答都是正确的,那么老人为何说年轻人不是他儿子呢?

五边形的房间里一共住了多少人

推理难度级别:★★★★★　　破解时间:12mins

推理现场

有一片广阔的土地,一共住着三种人。他们分别是:真话家族;假话家族;自以为是家族。

住在六边形房子里的人是真话家庭,他们总是说真话。

住在五边形房子里的人是假话家庭,他们总是说假话。

住在圆形房子里的人是自以为是家庭,他们总是认为自己的话是正确的。

这一天清晨,他们三个家庭中共有90个人集合在了城里,他们分成三个小组,每个小组共有30人。第一个小组里的人完全是同一种人,第二个

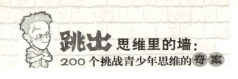

小组里的人由人数相等的两种类型人组成,第三个小组里的人则由人数相等的三种类型的人共同组成。

第一个小组里的每位成员都说:"我们都是假话家族的。"

第二个小组里的每位成员都说:"我们都是自以为是家族的。"

第三个小组里的每位成员都说:"我们都是真话家族的。"

到了晚上,这些人进入了形状不一的房子里睡觉。

各位读者,你们知道住在五边形房子里的人一共有多少吗?

推理提示:先要确定第一个小组的每位成员是哪一种人,另外还需要注意如果谁说了假话那么他身份就变化了。

童谣里的算术题

推理难度级别:★★★★　　　破解时间:15mins

推 理 现 场

在电影里有一首这样京味十足的童谣:虫虫虫虫,飞!虫子,虫子,一大堆!

有一位高中老师在看过电影后,突发奇想,把这首童谣编成了一个算术等式,该算术等式如下:虫虫虫虫×飞=虫子×虫子+一大堆。

这里的每一个汉字都代表了一个阿拉伯数字,而不同的汉字所代表的数字也是不相同的,其中"飞"是一位数,"虫子"是两位数,"一大堆"是三位数,最后的"虫虫虫虫"是四位数。

聪明的读者,你们知不知道怎样求出答案呢?

推理提示:为该题需要进行逐步分析。

谁是以后的预言家

推理难度级别：★★★★   破解时间：12mins

推理现场

为了能当上预言家，凯丝、萝莉、绮花和蒂米四位古希腊少女每天都在辛勤地接受训练。实际上，在以后她们之中只有一个如愿地当上了预言家，并且还在特尔斐城谋得一个职位。而其余的三个人，一个当了职业舞蹈家，一个当了皇室侍女，另一个当了著名的竖琴演奏家。

这一天，四个少女正在练习讲预言。

凯丝预言说："萝莉今后怎么也不可能成为职业舞蹈家。"

萝莉预言说："日后特尔斐城的预言家将会是绮花。"

绮花也预言说："日后竖琴演奏家不可能是蒂米。"

而蒂米则预言说自己将来会嫁给一个叫阿特克赛克斯的男人。

可是，实际上她们四个人里，预言正确的只有一个人，而正是这个人后来成为了特尔斐城的预言家。

那么，她们四个人在日后各自都当了什么？蒂米和阿特克赛克斯真的结婚了吗？

推理提示：真正的预言家只有一个，根据这个进行细密推断。

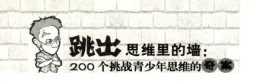

奇怪的两代人

推理难度级别：★★★★　　　破解时间：12mins

推 理 现 场

　　在一个人烟稀少的野山里，住着一个老人和一个小孩，奇怪的是这位老人每逢周一、周二、周三就只说谎话，而那个小孩则是每逢周四、周五、周六说谎话。其余的时间里，他们两个人都是说真话的。

　　有一天，小明在这座野山里迷路了，凑巧的是碰到了这两个人，小明也知道他们有这个怪癖，因此他想，如果要问清出去的路线，那么就得先知道当天是星期几。假如是星期一、星期二、星期三，他就不能去问老者；假如是星期四、星期五、星期六，就不能去问小孩；如果是星期天，当然问谁都是可以的了。于是乎，小明便去向他们打听出去的路线。令人意外的是，结果两个人都回答说："昨天是我说谎的日子。"小明想了一会，便知道当天是星期几了。你知道当天是星期几吗？

　　推理提示：这道题的关键点是"昨天是我说谎的日子"，根据题意就能搞清楚他们所说的"昨天"是哪一天了。

谁的房子在中间

推理难度级别：★★★★　　　破解时间：12mins

推 理 现 场

　　在一幢公寓的同一楼层，黎、汪和兆3个人分别租住各自房间。他们其中一人的房间居中，与其他两人左右相邻，并且每个人都养了一只宠物——不是狗就是猫。这3个人还有一种爱好，那就是每人都只喝一种饮料——不是茶就是咖啡。这3个人还喜欢抽烟——不是烟斗就是雪茄。

请注意以下条件：

黎的房间在抽雪茄人的隔壁；汪的房间在养狗人的隔壁；兆的房间在喝茶人的隔壁。并且，抽烟斗的人不喝茶，养猫的人至少有一个抽烟斗，有一个喝咖啡的人住在一个养狗人的隔壁。还有，他们任何两人的相同嗜好不会超过一种。

各位读者，请问究竟是谁住的房间居中？

> **推理提示：** 先运用假设最后按照题中所给的内容进行推导。

作家的一封遗书

推理难度级别：★★★　　　破解时间：5mins

推 理 现 场

一位著名的作家被人发现死在了他的公寓内，因为他是单身居住，所以他的尸体在被发现时，已经死亡了3天。

他的写字台上有一杯饮料，经过检测里面含有剧毒。在写字台上还有一个屏幕亮着的没接电源的笔记本电脑，上面有作家写的一份遗书：熊市将我的财产全部带走了，我决定了此一生……

这时前来调查的警员认为，该作家是因为经济紧张所以自杀了，不过也有人持不同观点。这时，有另一位警员指出了室内存有的一处很大破绽，最后众警员一致同意这应该是一起谋杀案。

各位，你们知道这个破绽究竟是什么吗？

> **推理提示：** 电脑屏幕是亮着的，并且还没有接通电源。

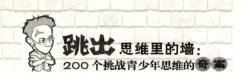
谁正确

推理难度级别：★★★★　　　破解时间：13mins

推 理 现 场

　　娜美、索隆和罗宾这三个人是课外奥数兴趣小组的成员。他们经常在一起学习讨论问题。

　　这一天他们三个人同时做同一道数学难题，虽然每个人都在尽力去想各种办法解答，但他们还是对自己的答案没有把握。娜美认为自己做错了，索隆认为娜美做对了，而罗宾也认为自己也做错了。由于对这道题的分歧很大，所以他们就一起去找奥数导师指导。奥数导师看了他们三个人对这道题做出的不相同的答案且听了他们三个人的上述想法后，就告诉他们说："你们三个人中，有一个人的答案是正确的，有一个人的意见是正确的"。

　　读者朋友，你能找出他们三个人中，是谁做出了正确的答案，谁的想法是正确的呢？

推理提示：娜美和索隆两个人的想法是不同的。

被绑架的盲人少女

推理难度级别：★★★★　　　破解时间：12mins

推 理 现 场

　　一天，双目失明的富家少女在非常炎热的一个夏日遭到绑架了。

　　之后歹徒向他们索要赎金,在家人交付赎金后,少女在三天以后平安地回到了家。这个少女告诉警察,绑架她的人好像是一对年轻夫妇,在她被关的地方,应该是在海边的一间小屋里。

　　接着,她详细地描述了自己当时的感受:"我在那间小屋里可以听到海浪的声音,并且也可以感受到海水的湿味。那个时候,我似乎是被关在小屋的阁楼上,双手被反捆着。白天气温非常闷热,但是到了夜晚就会凉快许多,因为会有一点风吹进来。"

　　警察听完后,立刻赶到海边一带,开始大面积拉网式搜查,最后找到了两间简易的小屋。这两间小屋相距不远,只是一间朝南,另一间却是朝北。非常凑巧的是,这两个小屋的主人都是一对年轻夫妇。警察进去查看后,发现这两间屋子空荡荡的,里面被打扫得干干净净、一尘不染,找不到任何相关痕迹。

　　假如能够知道少女是被关在哪一间小屋,那么自然也就可以确定谁是绑架犯了。可是怎样才能确定她被关在哪一间呢?警方想了半天还是一筹莫展,最后只好去请教名侦探斯杰。

　　斯杰在问明相关的情况后,当即做出了正确判断。这些情况是:一、这两间小屋的结构几乎完全一样,只是阁楼上的小窗一个面北,一个面南;二、海岸朝着海的方向是南面,朝着北的方向是丘陵;三、少女被绑架的这两天天气非常好,没有一点风。

　　各位读者,你们知道少女被关在哪间小屋子里吗?

> **推理提示**:从窗户朝向和形成风的条件入手。

星期几会同时值班

推理难度级别：★★★　　破解时间：12mins

推理现场

在一家公司里，只有小陈、小杨和小向3位值班人员。

现在已知每天至少要有一人值班，并且：

一、一周内只有一天是3人同时值班；

二、每个人都不会连续3天值班；

三、小陈、小杨和小向3人中的任何两个人在一周内最多只有一次在同一天休假；

四、小陈星期二、星期四、星期日休假；

五、小杨星期四、星期六休假；

六、小向星期日休假。

请问，如果这三个人同时值班，那么会在星期几？

> 推理提示：先从已知条件"四"、"五"入手。

贴错标签的蔬菜箱子

推理难度级别：★★★★　　破解时间：14mins

推理现场

目前有三箱蔬菜，第一箱装的都是西红柿，第二箱装的都是黄瓜，第三箱则是把黄瓜与西红柿混装在了一块,然而所有箱子上的标签都被贴错了。

比如,如果标签上写的是黄瓜,那么可以肯定箱子里不会只有黄瓜,可能还有西红柿或者全是西红柿。

现在假如只能从这三只箱子里的其中一只箱子中拿出一个蔬菜,那么如何才能确定三只箱子里各装了什么蔬菜呢?

> **推理提示**:要从贴有混合标签的那只箱子里拿蔬菜。

是哥哥还是弟弟

推理难度级别:★★   破解时间:6mins

推 理 现 场

丽兰遇到了两位双胞胎——布里奇特兄弟,他们站在一棵树下咧着嘴冲着丽兰大笑。

他们问丽兰可以分清他们谁是谁吗?

丽兰就对他俩说:"要不是你们绣花衣领有所不同,我恐怕真的分不清谁是哥哥,谁是弟弟!"

这时,两兄弟其中有一人答道:"这个很简单,你只要运用逻辑推理的方法就可以了。"说完,他就从口袋里掏出了一张扑克牌,朝着丽兰扬了扬——这是一张方块皇后。

"丽兰,这是一张红牌。红牌表明持牌的人所讲的话是真话,而黑牌表明持牌的人所讲的话是假话。现在,我们兄弟二人的口袋里也分别有一张牌:不是红牌就是黑牌。假如他的牌是红色的,那么他说的话就会是真话;可是他的牌要是黑色的话,那么他就要说假话了。现在,你判定一下,谁是布里奇特弟弟,谁是布里奇特哥哥?"

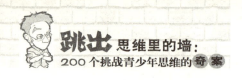

就在这时，旁边的另一位兄弟说了一句："我是布里奇特哥哥，因为我有一张黑色的牌。"

各位读者，这个人是哥哥还是弟弟呢？

推理提示：这个应该不难。呵呵，通过题中所给的条件，进行推导一下吧。

辨别真假

推理难度级别：★★★★　　　破解时间：13mins

推 理 现 场

西方人将每年阳历的四月一号称为愚人节，在这一天，人们会以说谎的方式来庆祝这个节日。而欧洲一个国的居民以最特别的方式来庆祝这个愚人节。

这一天，这一国家将有一半的人说真话，一半的人说谎话，他们喜欢从真话和假话中进行判断，并以此为乐。恰巧，这天一个世界著名逻辑学家迈克先生来到这一国家旅行。他想步行去该国首都。可是，当他走到了一个三岔路口时，在他面前出现了两条路，他只知道其中有一条是通向这个国家首都的，而另一条则是通往一个边境小镇。然而他却不知道是哪一条通向首都，就只能在路口等人问路了。

不久，走过来一位老人。"您好，请问这里哪一条路是通往首都方向的？"迈克先生急切地问。老人回答说："你知道吗？你来得很巧，今天是愚人节，所以我就不明确告诉你。后面来了两个小伙子，你可以去问问他们。但提醒你的是，这两个小伙子，其中有一个人是说真话的，而另外一个人则说的是假话。今天，你只有靠自己的脑袋来判断了怎么去首都了。听好哦，他们两个人只回答你同一个问题,并且只回答一个问题。"说完,老人就转身要走,这时迈克先生及时把他叫住。"请问,这是一棵大树吗?"迈克指着路旁的一棵大树问老人说道。老人回答说:"是的。"老人走后不久,两个小伙子就来到了三岔路口。迈克先生向这两个小伙子问了同样一个问题。"左边的路通向首都,而且 2 加 3 等于 4,对吗?"迈克先生相信,通过这两个小伙子对他所提出问题的回答,他就能知道左边的路是否是通向首都的。

我们先假设:来的这两个小伙子对迈克先生提的问题都回答不是,那么请问,左边的路是否通向首都?

我们再假设:一个小伙子回答说"是",而另外一个小伙子回答"不是",那么请问,左边的路是否通向首都?

推理提示:先从老人的回答分析,然后再分析两个小伙子的回答。

教授所出的谜题

推理难度级别:★★★　　　破解时间:13mins

推理现场

一天,莱克教授在一张纸条上写了甲、乙、丙、丁四个人中的一个人的名字,然后将字条握在手里,让这四个人猜一猜字条上写的是谁的名字。

甲说:我猜写的是丙的名字。

乙说:肯定不是我的名字。

丙说:肯定也不是我的名字。

丁说:我猜写的是甲的名字。

莱克教授听完后,哈哈一笑说:"你们中只有一个人说对了,别的人都说错了,现在请你们再猜一遍。"

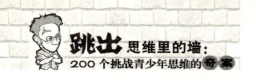
莱克说完后，这四个人想了一下，很快就猜出了纸条上所写的是谁的名字了。

各位读者，你们知道字条上写的是谁的名字吗？他们又是如何猜出的呢？

推理提示：把重点放在第一次猜的结果上。

握手游戏

推理难度级别：★★★★　　　破解时间：12mins

推 理 现 场

罗宾和索隆新婚宴儿，他们邀请了四对年轻夫妇参加家庭宴会，大家在宴会上玩得都特别开心。宴会结束大家即将离开时，索隆一一询问他们在这次宴会上与多少个人握了手。得到的答案是，每个人握手的次数都不同。当然了，这里没有人同自己的爱人握手，更没有出现夫妇两人与对方重复握手的现象。

那么女主人罗宾在宴会上总共与客人握了几次手？

推理提示：在宴会上握手最多的人能握几次手？谁没和他握手？

新搬进公寓的房客

推理难度级别：★★★★　　　破解时间：11mins

推 理 现 场

一座刚刚建成的公寓大楼一共有3层，且每一层仅有一套公寓。

贝尔夫妇是最先搬入公寓的，他们住在顶层的房子里，而莫盾夫妇和仪斯夫妇则根据现场抽签的结果,分别搬入了一、二两层。

莫盾夫妇对所住的房子感到非常满意,他们没有任何怨言。可是整幢楼里最有意见的人是仪斯,他希望住在他楼下的吉姆在看电视时,不要总是将电视的声音开得很大。

除了这一点,这3家的关系一直非常融洽。罗杰每天早上下楼路过吉姆的门前,总会进去坐上那么一小会,然后两个人一起搭伴去上班。而每天到了11点时,凯瑟琳也总是要上楼和仪斯夫人一起喝杯茶。

诺玛非常喜欢住在这所公寓里,因为她有丢三落四的毛病,每当她忘记从商店买回什么东西,她总是会下楼向多丽丝家去借。

各位读者,你们知道这3对夫妇分别叫什么名字?姓什么?又住哪一层吗?

推理提示:细心推敲,认真寻查。

有矛盾的兄弟

推理难度级别:★★★★　　破解时间:13mins

推理现场

在边远的山区里,有一户人家住着六个兄弟,他们依照年龄长幼起名,分别是一郎、二郎、三郎、四郎、五郎和六郎。每次当这六个人围着圆桌用餐时,他们就都会纷纷表示自己和上一个及下一个兄弟之间感情不和,但他们还是坐在了一起。

各位,你们能推算出三郎的邻座不是五郎的情况下,二郎的邻座会是谁和谁吗?

推理提示:先想到这是个圆形的座位,然后确定三郎的邻座是谁。

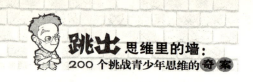

帮帮这个家伙

推理难度级别：★★★★　　　破解时间：13mins

李不四是一个胆子非常大的冒险分子，同时还是一个非常专业的小偷。

一次，李不四前往德国旅行，在途中意外捡到了一张藏宝图。冒险的好奇心吸引他按照藏宝图上的指示，来到了海德堡，并且还如愿地闯进了一个古老、神秘的地窖里。这个地窖中有两个非常奇怪的大箱子，上面还有一张布满灰尘的纸条。

该纸条上清楚地写明：在生前，我所掠夺的所有宝物都放在其中的一个箱子里，我希望这些宝贝可以被一个真正有智慧的人拥有——换句话说，就是阁下要是开对了箱子，那么所有的宝物就归您所有；可是，万一开错了，那么我正好缺一位下棋者，你就会下来陪我了。

看完纸条后，李不四突然紧张了起来，他发现，这两个箱子上都分别贴上一张大标签。

甲箱标签：乙箱上的标签属实，所有宝物都藏在甲箱里。

乙箱标签：甲箱上的标签是骗人的，所有宝物都藏在甲箱里。

李不四看完后，禁不住愣在了原地，苦思冥想都百思不得其解。问题真的有那么严重吗？真的有李不四想象中的那么困难吗？

各位读者，你们可不可以帮助李不四决定打开哪个箱子呢？

> 推理提示：根据标签上的内容，进行细致的推论。

受伤者是谁

推理难度级别：★★★★　　　破解时间：12mins

推理现场

姆斯、乔丹、安丁、马成和蓝尔五人都非常喜欢骑马。有一天，他们5个人结伴来到练马场骑马。可是，意外发生了，他们当中的一个人因为所骑的马受到惊吓并狂奔起来，从马背上摔下受了伤。

各位，请认真分析 A~E 各项所说的情况，然后判断一下，究竟谁才是受伤的人？

A.姆斯是个单身汉；B.受伤人的妻子是马成妻子的妹妹。C.蓝尔的女儿在前几天因为生病住了院。D.乔丹亲眼看到了整个事故发生的经过，并决定从此不再骑马。E.马成的妻子没有侄女，也没有外甥女。

> 推理提示：根据题中所提示的一些信息进行推断。

谁是机械师

推理难度级别：★★★★★　　　破解时间：15mins

推理现场

史斯、琼斯、罗宾这3个人是一列火车的工作人员，他们中有一个是消防员，一个是司机，一个是机械师。列车上还有3名乘客，他们的名字与这三人一样，也是史斯先生、琼斯先生和罗宾先生。现在已知道的条件是下文

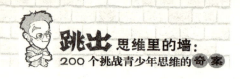

所列出的:

(1)罗宾先生家住德国。

(2)司机家住美国和德国中间的某地。

(3)琼斯先生每年挣3万美元。

(4)乘客中有一位和司机住在同一地点,每年挣的钱是司机的3倍。

(5)史斯打台球的技术比消防员打得好。

(6)与司机名字相同的那位乘客住在美国。

读者朋友,你们觉得应该怎样才能找出机械师是哪个人呢?

推理提示:先将条件(1)(2)(6)推测出,然后依次向下推想,即可得出谁是机械师了。

谜语专家的谈话

推理难度级别:★★★★   破解时间:12mins

推理现场

有一位热衷猜谜的人来到朋友的家里,朋友拿着照相簿,指着里面一张照片说:"我没有兄弟也没有姐妹,可是这个男人的父亲是我父亲的儿子。你能知道他是谁吗?"

"这还不容易!"热衷猜谜的人继续说,"这个男人就是你的儿子,这是一个19世纪的古老谜语,谁都知道啊。"

"嗯,非常聪明!那么这张照片的家伙是谁呢?他是我父亲唯一的侄女的唯一的姑母的唯一的兄弟的唯一的儿子。"朋友说完后,赶紧拍了拍胸口。

热衷猜谜的人想了几分钟,说:"我知道了,他就是你,因为这是许多年前拍摄的一张照片。"

"哈哈,真是聪明。那再看一看这张照片上的女孩子,她长得非常可爱,对不对?她是我姑表妹的母亲的兄弟的唯一的孙子的舅舅的唯一的堂兄弟的父亲的唯一的侄女。"说完,朋友赶紧喝了口水。

朋友这下子可把热衷猜谜的人难住了。

各位读者,你们知道这个女孩子是谁吗?

推理提示:推理的题目几乎都是这样,不过在该题中有许多相互可以抵消的说法。

小刀的价值

推理难度级别:★★★★　　　破解时间:13mins

推理现场

村里有两个兄弟养了一群牛,这一天他们将牛群赶往集市上出售。

在这个集市上,牛是不分大小所出售的价格都一样的,并且每头牛的价格与这群牛的总头数相同。

兄弟俩把牛卖完后将得到的钱平分,他们是这样分的钱:哥哥先是从总钱数里拿了10元,弟弟跟着也拿了10元;然后哥哥再拿10元,弟弟又拿10元……他们这样分了一会儿后。

最后一次,哥哥拿了10元,可是剩下的钱却不足10元。于是,哥哥就从衣袋里摸出了一把小刀交给弟弟,算是补了差额。

那么,请问这把小刀值多少钱呢?

推理提示:用末知数代入法求解。

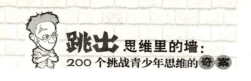
谁是诚实的人

推理难度级别：★★★★　　　破解时间：11mins

推理现场

在古代，有一个国家的国王为了寻一个诚实的人为他收税，于是就张榜求贤。

前来应征者非常多，可是初次见面，怎么才能知道谁是最诚实的人呢？国王为此伤透了脑筋。这时一个谋士悄悄地对他说："国王陛下，等那些应征者来到皇宫后，您只要按照如此这样，那么就一定能寻觅到最诚实的人。"国王听后，十分赞同地采纳了这个意见。

这时，前来应征的人纷纷来到王宫，谋士让他们分别从另一条走廊穿过去面见国王。

之后，所有的应征者都来到了国王面前。国王对他们说："各位诚实的先生们，你们手拉手跳个舞。我非常想看看你们诸位，有谁的舞姿是最美的。"

众应征者听到国王的这个要求后，整个大厅里顿时静得连一根针掉在地上都能听见，个个顿时傻了眼、呆若木鸡，脸色也渐渐由白变红，流露出羞愧难堪的神色。正在这个时候，有一个人却毫无顾忌地跳起了欢快的舞蹈，一切显得那样的轻松自在。

这时，谋士指着这个正在翩翩起舞的人对国王说："国王陛下，这个人就是您要找的诚实的人。"

各位读者，你们知道谋士为什么说这个正在跳舞的人是诚实的人吗？

推理提示：想想看谋士为什么建议国王让应征者走那条走廊。

六个座位上的人

推理难度级别：★★★★　　破解时间：11mins

推理现场

小李、小孙、小赵、小杨、小钱和小陈 6 个人分别按顺时针方向坐在一张长台子两边，他们的座位为：1、2、3、4、5、6。

现在已知的条件是：一、小李对面坐的是位男同志；二、小孙对面坐的是位女同志；三、小赵长有胡子，在左边的人是小杨；四、小钱戴着眼镜，坐在小孙对面。

各位读者，你们可以根据以上条件，判断出他们 6 个人分别坐在什么座位上吗？

> **推理提示：**先从条件"四"入手看看。

谁是国际间谍

推理难度级别：★★★★★　　破解时间：15mins

推理现场

在一列奔驰的国际列车车厢里，坐着 4 个不同国籍的旅客，分别为 A、B、C、D。他们分别穿有不同颜色的上衣，并且还坐在一张桌子的两边，其中有两个人靠着窗户，另外两个人则靠近过道。现在我们已经知道，他们当中有一个身穿蓝色上衣的人是一个国际间谍，并且还清楚：

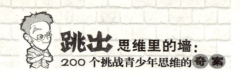
一、坐在 B 先生左侧的是英国旅客；

二、穿褐色上衣的是 A 先生；

三、坐在德国旅客右侧的是穿黑色上衣的人；

四、坐在美国旅客对面的人是 D 先生；

五、身穿红色上衣的是俄国旅客；

六、英国旅客把头转向左边，望着窗外。

那么，请问谁才是穿蓝色上衣的国际间谍呢？

推理提示：推理题目需要细心和耐心，先从一、六给出的条件入手。

辨别真假硬币

推理难度级别：★★★　　破解时间：13mins

推 理 现 场

一张长方形桌上摆放有 12 枚真假硬币，虽然其中里面仅有一枚是假的，但是从表面上是无法分辨出的，不过不用着急这里是有突破点的，突破点是假币的质量与真币有区别，但困难点是不知道谁轻谁重。给出的使用工具是天平。

读者朋友，你们能仅利用三次天平便找出假币，且能判断出真假硬币谁轻谁重吗？

推理提示：假如要是知道了假币的轻重，那么就可以一次性分辨出三枚硬币，应该怎么做才能得到想要的答案呢？

失物招领处

推理难度级别：★★★　　破解时间：18mins

推理现场

一天，失物招领处来了 5 个人，他们分别是多拉、利比、罗布、托马斯和温妮。最后，这 5 个人各自找回了自己丢失的一样东西。

在招领处的东西是一件带彩色花纹的运动衫、一顶蓝色的帽子、两副手套（一红一蓝）和一双黑色的运动鞋。

现在给出以下线索：

一、托马斯和利比找回的东西上面都带有红色；

二、托马斯和多拉都找回了一副手套；

三、温妮是他们几人中回家时手上唯一没有拿着失物的人。

那么，请问他们各自都找回了什么东西？

推理提示：从一、二中托马斯找回的东西入手。

有趣的门牌号

推理难度级别：★★★★　　破解时间：11mins

推理现场

一天，几个女孩在一起聊天，J 说要给大家出个推理游戏，以下便是这个推理游戏的内容。J 告诉 W，她和她的两个妹妹 X、Y 都住在平安路，但是

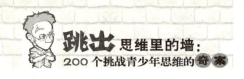

姐妹三个人的门牌号是各不相同的三位数；J 的号数可被妹妹 X 的门牌号数除尽，并且还可以被两个妹妹的门牌号数之差除尽；除此之外，两个妹妹的门牌号数正好可以互相颠倒（例如 123 和 321）。J 希望 W 能推测出她们三姐妹的门牌号。W 仔细算了一下，却发现答案不止一种。这时，J 便又补充了她两个妹妹的号数之差。就这样，W 很快得出了 J 三姐妹的门牌号数。

各位读者，你们能推测出她们三姐妹的门牌号是几号吗？

推理提示：先假设每个人的门牌号码，然后根据 J 说的每个条件进行推演。

帮帮这个冒险家

推理难度级别：★★★★　　　破解时间：13mins

推 理 现 场

有一个非常喜欢冒险的人叫做贝丁，有一次，他走进了一片从未有人走过的原始森林，不幸的事发生了——他迷路了。

这一天，他拖着疲惫的身体来到了一条岔路口，突然他发现那儿有五块彩色各异的大石头，分别指向不同的小路。这个时候，贝丁不知道该选择哪一条路，于是决定先坐下来休息休息。等到正午时分，阳光穿过繁盛的树叶缝隙照到大石头上，贝丁猛然看到，中间那块绿色的大石头上面仿佛写有一行字。

于是他就仔细看了起来，发现上面写的是："这是五块颜色不一的五彩石，在每块石头里还各暗藏另外一块石头，它的颜色与外面石头的颜色是完全不一样的。你如果想回到你的世界，那么你就必须排出正确的顺序，并且走红色宝石所指向的道路，才能回到你自己的世界。"在另外四块石头

上,各有一个这样的提示:

红宝石:紫宝石旁边的石头是蓝宝石。

蓝宝石:绿宝石和紫宝石之间隔着一块石头。

紫宝石:红宝石和蓝宝石中间有其他石头。

黄宝石:黄宝石处在左边的第二个位置。

贝丁抓耳挠腮地看了半天,也不知道自己应该选择哪一条路。

各位读者,你们能帮助他吗?

推理提示:该题比较难,可以先从黄宝石上的话入手。

共有多少囚徒

推理难度级别:★★★★ 破解时间:13mins

推理现场

有一所监狱,每天下午囚犯们都要按身高从低到高排成一列纵队,然后再前往监狱的院子里放风。在这些囚犯里,莱克按身高排列正好站在列队正中间。

莱克有一个狱友瑞恩比莱克个子高,他排在整个队列的第12个,而另一个狱友姆斯更高,他排在列队第20个。

现在,我们假如这些囚犯们的身高各不相同,那么排在队列里的囚犯共有多少人呢?

推理提示:需要耐心地计算。

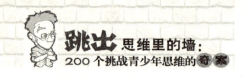

她们到底是谁

推理难度级别：★★★★　　破解时间：12mins

推理现场

在尔塔女子大学演讲会上，有4个特殊的人物将会到来。她们在年幼时就随着父母移居外地，而她们在新的家乡中事业有成。各位读者，你们能从以下所给的线索中，说出这4个人的全名以及她们现在的居住地和各自的职业吗？

给出的已知线索是：

一、安纳目前是一个直升机驾驶员，她的工作在多数情况下都是为观光者服务的，偶尔也会参加一些紧急情况的救助工作。

二、詹晶丝小姐目前居住在新西兰，她在14岁时就随父母移居到了那里。

三、阿兰小姐的名字不是乔。

四、其中有一个目前是美国FBI成员，她不姓贝尔。

五、现居冰岛的佐伊不姓哈尼，是一名医院的助产士，哈尼则是英国一家电视台的著名女播音员。

六、詹晶丝的名字不叫陆易斯。

推理提示：有些乱吧，好好理一下就可以了，从给出的线索二、四、五入手看看。

谁先到公司

推理难度级别：★★★★　　　破解时间：13mins

推理现场

玛丽和迈克同时从家里开车去公司上班。玛丽先用一半的时间以较快的速度 a 行驶一段路程后，接着用余下的一半时间以低速 b 行驶下半段路程。然而迈克不同意她的这种做法，认为这样行驶比较慢且浪费时间，他采取以比较快的速度 a 行驶了一半的路程后，再以比较慢的速度 b 行驶另外一半的路程。

各位，你们觉得玛丽和迈克谁能先到公司呢？

推理提示：相同的路程，在速度较快时用时多者先到公司。

穿了红色衣服的人是谁

推理难度级别：★★★　　　破解时间：7mins

推理现场

有三个好朋友小红、小绿和小蓝，她们分别穿着红色、绿色和蓝色的时装走 T 型台。

这时，小蓝说："我们可真奇怪，虽然我们的名字是红、绿、蓝，穿的衣服也是红、绿、蓝，但是却没有人穿的衣服和自己的名字相符合！"

"是啊，真的是个巧合！"穿绿色衣服的人说。

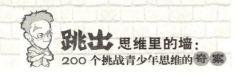
各位读者，你们能从她们简单的对话中，判断出究竟是谁穿了红色的衣服吗？

推理提示：细心推理，耐心判断，从她们对话中寻找答案。

分配猕猴桃

推理难度级别：★★★★★　　　破解时间：8mins

推理现场

从前一家有三个兄弟，他们同时收到了远方爷爷托人捎给他们的猕猴桃。他们每人收到的猕猴桃个数是他们三年前的岁数。老三是个非常聪明的小孩，为了自己多分得一些猕猴桃，于是他向两个哥哥提出一个交换猕猴桃的建议："我只要留下自己一半的猕猴桃，还有一半猕猴桃送给你们俩；然后二哥也留下一半猕猴桃，把另一半猕猴桃让我和大哥平分；最后大哥留下一半猕猴桃，把另一半猕猴桃让我和二哥平分。"这时两个哥哥觉得这个建议很好，于是同意了老三的要求。最后的结果是这三兄弟得到了相等的猕猴桃个数，每人都各有八个猕猴桃。

各位读者，你们知道这三兄弟现在的年龄分别是多大吗？

推理提示：可以运用逆向思维思考这个问题，也是倒退法，毕竟结果已经知道了。

为什么会选择不会游泳的船老大

推理难度级别：★★★　　　破解时间：9mins

推理现场

在古代，有一人想过到河对面，于是就来到河边，冲着几个船老大大声喊道："请问，有哪位船老大会游泳？"

他的话音刚落，就有好几个船老大围了过来，他们纷纷表示："客官，我会游泳，你就放心坐我的船吧！"

这时，只有一个船老大没有过来，这个人就走过去问他："你的水性怎么样？"

这个船老大有些不好意思地说："客官，不好意思啊，我不会游泳！"

想坐船的人听见后，非常高兴地说："啊，真的吗？那好，我就坐你的船！"

各位读者，你们知道这是为什么吗？

推理提示：呵呵，中国有句老话"河里淹死的大多都是会水的人"。

有趣的椰子

推理难度级别：★★★★　　　破解时间：10mins

推理现场

这是一个充满数字推理游戏的故事，是80年前一位美国人在一份报纸上发表的。

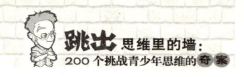

一艘远洋轮船在大西洋上遭遇风暴不幸沉没。不幸中总有万幸，在求生本能的促使下，有五个男人和一只猴子在水中奋力挣扎，终于游到了沉船附近的一座荒岛上。他们上岛后发现，岛上仅有椰子可以补充饥饿。于是他们花了一整天的时间去采摘树上的椰子。由于一整天的过度劳累和能量的大量消耗，使得这五个男人很早就进入了梦乡。到半夜时，其中的一个男人从梦中醒来，左思右想总觉得应该把属于他自己那一份拿出来，于是他就将采摘到的椰子分成了五份，最后刚好还剩下一个椰子，于是他把这个椰子分给了猴子。他把属于他自己的那份藏好后就回去睡觉了。

没过多久，又一个人揉着惺忪的睡眼坐起来，并产生了与第一个人同样的念头。于是他也把椰子分成了五份。有趣的事情发生了，最后恰巧也剩下了一个，他也将剩下的这个椰子分给了猴子，藏起了属于他自己的那一份，然后也回去接着睡觉了。不久后，第三个、第四个、第五个人也都相继醒来，并且重复着同样的步骤过程。第二天上午，当他们都醒来后，又一起把剩下的椰子分成了五份。这次，一个椰子也没有多。

各位读者，你们能算出他们最少从树上采摘了多少个椰子吗？

推理提示：需要从后向前做推算。

头上沾有泥巴的七个孩子

推理难度级别：★★★★　　　破解时间：13mins

推 理 现 场

一个教室里有十个孩子，可是不知为什么，有七个孩子的额头上沾上了泥巴。这些孩子都只能看到别的孩子额头上是否有泥巴，但是却无法看到自己的。

就在这个时候，老师走进了教室，他对孩子们说："现在，你们当中至少有一个人的额头上有泥巴。"接着,他又问:"那么,你们有谁知道自己的额头上有泥巴呢?知道的同学请举手。"

这位老师连续问了6遍,孩子们都面面相觑、无人举手,当他问到第7遍时,所有额头上有泥巴的孩子都纷纷举起了手。

现在,我们假设所有的孩子都有最好的逻辑分析能力,那么他们是如何思考并得出正确的结论的呢?

另外,有一个很有意思的情况,事实上,在老师走进教室之前,这些孩子都已经知道他们之中至少有一个人额头上有泥巴,因此老师所说的那句话对孩子们提供的信息似乎等于零,可是事实的情况,要是没有老师的这句话,那么就没有一个孩子能得出正确的结论。

各位读者,你们知道这是为什么吗?

> **推理提示**:细细想一下,为什么老师问到第7遍时,所有额头上有泥巴的孩子都举起了手呢?

赔本的买卖

推理难度级别:★★★　　　破解时间:8mins

推 理 现 场

这个故事发生在一个家具店里, 一位身穿工作服的女售货员以每张1200美元的折扣价卖出了一张办公桌。其中的一张办公桌她有25%的利润收入,而出售的另一张办公桌却使她亏损了20%。但她并没有为此苦恼,因为她坚信这两笔生意总的来说是赚钱的。

你认同这位女售货员的想法吗?她真的赚到钱了吗?

> **推理提示**:看清楚题目给出的条件,1200美元是零售价格而不是成市。

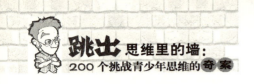

黑白球游戏

推理难度级别：★★★★　　　破解时间：13mins

推理现场

　　这是给黑白小球加标签的小游戏，这里有 3 个盒子，每个盒子里装有两只小球，分别是黑白、白白、黑黑。为了方便得知盒内小球的颜色，所以要为每个盒子贴上盒内两只球颜色的标签。在检验时，有 3 个盒子的标签被发现全部贴错位置了。

　　要求是只打开一个盒子，并且只可以看盒内一只球的情况下，将 3 个盒子的标签全部重新按照要求贴回去。

　　各位，你能用最快的速度将这件事情完成吗？

> 推理提示：先打开标有黑白标签的盒子。

皇帝与大臣

推理难度级别：★★★★　　　破解时间：10mins

推理现场

　　有一个聪明皇帝的身边有二十个大臣，这些大臣身边都有一个大坏蛋侍卫。虽然这些大臣们都知道其他大臣的侍卫是个坏蛋，但是由于他们之间关系并不好，由此他们都不知道自己的侍卫是好人还是坏人。

　　聪明的皇帝知道此事后，就把这二十个大臣召集在了一起，告诉他们：

你们每个人的侍卫中至少有一个坏蛋,如果你们知道自己的侍卫是坏人那么就必须立刻将他杀死;如果你们知道却又不杀的话,那么我就会取了你们自己的脑袋,现在我给你们一个期限——20 天。

之后,这位聪明的皇帝就办了一份早报,哪位大臣的侍卫被杀就会把这个消息刊登在早报上,然而十九天很快平静地过去了。在第二十天的早晨,仍然没有一位大臣杀自己的侍卫。

各位读者,你们知道这一天,会发生什么样的情况吗?

> **推理提示:**呵呵,想到了吧!"君要臣死,臣不得不死;父要子亡,子不得不亡"。

失眠时刻

推理难度级别:★★★★★　　　破解时间:13mins

推理现场

谁都有过失眠的经历,这可是一件痛苦而又令人可怕的事情,有五位失眠患者来到了医院,他们分别把自己失眠的情况做出具体的描述。各位读者,现在从给出的信息中,你们可以推断出每位失眠症患者的上床时间、用来帮助睡眠的方法以及他们最后进入梦乡的时间吗?

当前已知的线索是:

一、有一个患者在晚上 23:00 拿着一本枯燥无味的书上床;而比她早上床的洛拉·克斯直到凌晨 1:30 才能进入梦乡。

二、最早上床的人和使用草药枕头帮助自己入睡的人最后都比布斯·威尔杰早进入梦乡,可是他们都不是洛拉·克斯。

三、布斯·威尔杰比克斯特·那埃特早上床半小时,而想靠着数绵羊入

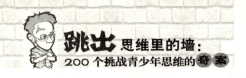

睡的人比希尔曼·哈贝德吉进入梦乡的时间晚。

四、莱卡·库恩十分希望能有一杯热饮料帮助自己进入梦乡。

五、听轻松的音乐可以帮助其中一位失眠患者在凌晨 3:00 进入梦乡。

六、其中一位失眠患者在晚上 22:30 上床，可是直到凌晨 1:00 才进入梦乡。

> **推理提示：**该题比较难，应该首先从线索一和六入手。

奇妙的号码

推理难度级别：★★★★　　　破解时间：14mins

推 理 现 场

一场马拉松比赛于某日上午在 C 城郊外的公路上盛大举行，杰斯和唐杰是前后相邻的两名运动员。这时，一辆救护车从他俩身边开过，车上的一名医生回头好奇地看了一下他们俩身上的号码，微笑着对司机说："真是太巧了，杰斯的号码是一个 4 位数，而唐杰的则是一个 3 位数，假如将唐杰的号码乘以本月的月号，那他所得的乘积恰好是杰斯的号码数。"听到这句话，司机下意识地看了一下反光镜，杰斯和唐杰的号码在他面前也都一目了然了。

司机随即说："先生，您好像把号码看错了，唐杰的号码数与本月之积并不是杰斯的号码数啊，而是它的 10 倍，我觉得有趣的是：唐杰号码上各数字之和，恰巧是现在的时间。"

根据这次比赛的情况看，这次比赛运动员的号码数是小于 5000 的。

各位，你们推测一下，这次马拉松比赛可能是在几月份举行的？杰斯和唐杰的号码又各是多少?救护车与他们两个人相遇时是几点?

推理提示:要清楚镜中的号码与实际的号码是否是一样的,就能分析出司机和医生谁对谁错了,然后结合题中所有条件进行推演。

天机不可泄露

推理难度级别:★★★   破解时间:6mins

推 理 现 场

民国期间,连年动荡,有一个盲算命先生为了度日就在街边摆摊算命。

这一天,他的摊位前来了一位富绅来看相,算命先生听了富绅报出的生辰八字后,就接着再为他摸骨,可是摸完骨后,算命先生忽然脸色大变。他压低声音告诉富绅:"这真是太可怕了,你将遭到谋杀。"

这位富绅看多了这种把戏,还以为他是借故要钱,于是脸上就流露出一副不屑的神色。

这位算命先生接着说:"是真的,我测算出有一个穿风衣的男人,他将会在你的背后开枪,看来你是在劫难逃了。"

富绅完全不相信他的话,"哼"了一声,没有留下任何卦钱就走了。

次日,该富绅在街上被人从背后开枪打死,警方在追捕时犯人不幸坠楼身亡。一切果然如算命先生所说,这名犯人身穿风衣,手里持着枪。

以上情形和盲算命先生说的一模一样,可是,他究竟是如何算出来的呢?

各位读者,你们能想出内里的缘由吗?

推理提示:大街小巷,装疯扮哑者到处都是……

191

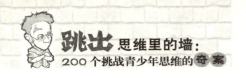
概率大小

推理难度级别：★★　　破解时间：4mins

推理现场

有一天小何在街上碰到了一个小赌局，这个摆赌局的人面前放着三个小茶碗。

小何好奇地凑了过去，这个摆赌局的人看了看小何说："现在，我把一个玻璃球放在其中的一个小碗中，之后你猜它可能是在哪个茶碗中。假如你猜对了，那么我就会给你10元钱；假如你猜错了，那么你就要给我5元钱。"

小何听后，想了想便同意了。可是他玩了一会儿后输了许多钱，这时他心算了一下，发现自己猜对的概率只有三分之一，于是他就不想玩了。

这时，那个摆赌局的人也看出了小何的心思，就说："那这样吧，我们现在就开始用新的方式赌，在你选择一个茶碗后，我就会翻开另外一个空碗，如此一来有玻璃球的碗肯定在剩下的两个碗中，这样你猜对的概率就会大许多了。"

小何觉得这样他赢的概率就会大了许多，于是他同意继续赌下去，可是，可怜的小何很快就把身上的钱输光了。

各位读者，你们知道这究竟是怎么一回事吗？

推理提示：中国有句古话，叫做"换汤不换药"。呵呵，就提示这一点了。

五个酒鬼先生

推理难度级别：★★★★　　破解时间：10mins

推 理 现 场

西方某个国家有 5 个嗜酒如命的人，他们的外号分别是"威士忌"、"鸡尾酒"、"人头马"、"伏特加"和"白兰地"。

在某一年的圣诞节，他们 5 个人都向其他 4 个人中的某一个人送了一瓶酒。他们没有两个人赠送的礼品是相同的，并且他们赠送的每一件礼品都是他们中某个人外号所表示的酒，最后他们没有任何人赠送或收到的礼品是他自己外号所代表的酒。

当前，给出的已知线索是：

一、"白兰地"先生收到"人头马"先生送给他的是鸡尾酒；

二、收到白兰地酒的先生将威士忌酒赠送给了"人头马"先生；

三、外号和"鸡尾酒"先生所送的礼品名称相同的先生把自己的礼品赠送给了"威士忌"先生。

各位读者，你们知道"鸡尾酒"先生收到的礼品是谁送的吗？

推理提示：根据题目所给的条件，应当立即找出"白兰地"先生和"人头马"先生所收到的礼品是哪一位送的，然后再推断出送礼品给"威士忌"先生的人是谁。

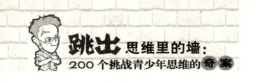

蛋糕被谁给偷吃了

推理难度级别:★★★　　　破解时间:8mins

推 理 现 场

今天是茜西生日,妈妈送了一个大蛋糕给她。可是还没等到生日宴会开始,这个大蛋糕就被她那几个贪吃的兄弟们偷吃了。妈妈发现后就追问是谁偷吃了蛋糕,几兄弟就说了如下的话:

尔恩说:"是尼佳吃了蛋糕。"

尼佳说:"是布兰吃了蛋糕。"

比斯说:"我可没有吃蛋糕。"

布兰说:"尼佳他在说谎。"

各位读者,他们四个人中,只有一个人说了真话,其他的人都在说谎。不过偷吃蛋糕的人只有一个,那么偷吃蛋糕的人到底是谁呢?

推理提示:我们先假设是尔恩偷吃了蛋糕,然后再看看他们当中有几个人说了真话。接着再根据这个思路,一点点推断找出偷吃蛋糕的人。

究竟有几个天使

推理难度级别:★★★　　　破解时间:8mins

推 理 现 场

这天,一个旅行家在野外遇到了三个美女,在这三个美女里有天使也

194

有魔鬼。这个旅行家知道她们是天使和魔鬼变的,但是却不知道哪个是天使,哪个是魔鬼,不过他知道天使只说真话,而魔鬼只说假话。

甲美女说:"乙和丙之中,至少有一个是天使。"

乙美女说:"丙和甲之中,至少有一个是魔鬼。"

丙美女说:"还是我来告诉你正确的消息吧。"

各位读者,你们能从以上她们说的三句话里,判断出有几个天使吗?

推理提示:该题还是要用假设法依次进行推理,只有这样才能找到正确的答案。

天平商家的促销活动

推理难度级别:★★★★　　破解时间:12mins

推理现场

卖天平的商家进行了一次促销活动,如果谁解决了下面问题,那么就可以获得一架天平:砝码不必放在天平的右盘,每个砝码的克重都为整数。那么要称出1克至121克中所有整数克重的物品,至少需要有多少个砝码?

各位读者,你们知道吗?

推理提示:1克的砝码一定要有。

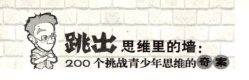

是谁看了足球比赛

推理难度级别:★★★★　　　破解时间:10mins

推理现场

有 5 个朋友,他们中只有一个人在上个星期看了足球比赛。在他们每个人说的三句话里,有两句是对的,另一句是错的。各位读者,请根据他们说的话,推断出究竟是谁看了足球比赛。

这 5 个人的说话内容如下:

A 说:我没有看足球比赛。我上个星期没有看过任何足球比赛。看了足球比赛的人是 D。

B 说:我没看足球比赛。我只是从足球场前走过。我看过一篇足球的报道。

C 说:我没有看足球比赛。我看过一篇足球评论。看了足球比赛的人是 D。

D 说:我没有看足球比赛。看了足球比赛的人是 E。A 说我看了足球赛,他说的不是真的。

E 说:我没有看足球比赛。看了足球比赛的人是 B。我只是看过一篇足球评论。

推理提示:首先我们从 A 的话里,可以判断出他最后一句话是错的,那么这就意味着 D 没有看足球比赛。然后再根据 D 和 C 的对话,就可以找出看了足球比赛的人究竟是谁了。

谁的年龄大

推理难度级别：★★★　　　破解时间：8mins

推 理 现 场

　　尔成和尔功是两兄弟。有一天，一个路人和他们聊天，就问他们谁是哥哥谁是弟弟。

　　尔成说："我的年龄比较大。"

　　尔功说："我的年龄比较小。"

　　他们两兄弟不是双胞胎，并且他们之中至少有一个人在说谎。

　　各位读者，你们知道谁的年龄比较大吗？

　　推理提示：我们根据他们的对话内容可以看出来，假如有一个人说了实话，那么另一个人说的也是实话；假如有一个人说了谎，那么另一个人也说了谎。

100 位议员

推理难度级别：★★★★　　　破解时间：12mins

推 理 现 场

　　有个国家一共有 100 名议员，其中有的人受贿，有的人廉洁。当前已经知道下面两个事实：

　　(1)在这些人中至少有一人是廉洁的。

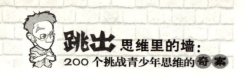

(2)在这些议员中任意挑选一对,那么其中至少有一人是受贿的人。

各位读者,你们可不可以根据上面两个事实,来确定这些议员中有几个人是廉洁者,有几个人是受贿者呢?

推理提示: 仔细看一下事实(2)。

作弊者是谁

推理难度级别:★★★★　　　破解时间:14mins

推理现场

某中学在举行期末考试期间,发生了一起作弊事件。这引起了学校有关领导的重视,校领导开始对事件进行调查。据调查发现,娜美、雅辛和佩奇这三个学生有作弊嫌疑。校领导采取对他们三个人分别进行调查询问,最后这三个学生给校领导的回答如下:

娜美说:"十分对不起,我错了,是我辜负了老师的期望,是我作弊了。"

雅辛说:"我看见娜美作弊了。"

佩奇说:"我和雅辛两个人都没作弊。"

根据调查结果发现,三个学生中仅有一个学生作弊了,而且这三个学生中有人说的是实话,有一个人是在撒谎。

到底是哪位学生作弊了呢?

推理提示: 假设3个学生中的某一位作弊,然后进行分析推理。

198

确认各自的新娘

推理难度级别：★★★★　　　破解时间：13mins

推 理 现 场

巴尔、汉杰和雷恩三兄弟家的隔壁住了安琪、艾佳、安娜三姐妹，他们彼此各有喜欢的对象。这一天，三对恋人决定一起结婚。

他们都是爱开玩笑的人，所以在对证婚人说结婚时，故意把自己的新娘、新郎说错。

一、巴尔："我要跟安琪结婚。"

二、安琪："我要跟雷恩结婚。"

三、雷恩："我要跟安娜结婚。"

各位读者，你们知道他们谁是谁的新娘吗？

> 推理提示：从题目内容中可以知道他们说的话都是假的，那么这样一来巴尔不会跟安琪结婚，那么只会是汉杰或雷恩跟安琪结婚，再根据下面的条件，就会很快找到结果了。

卡罗琳的食物

推理难度级别：★★★★　　　破解时间：14mins

推 理 现 场

卡罗琳是一个非常可爱、听话的女孩子。这周她的爸爸妈妈要从周一

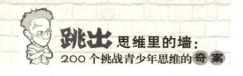
出差到周四,所以家中只剩下她一人在家。

幸好妈妈知道她很懒,就预先准备了足够多的面包给她当做食物。卡罗琳在周一到周四要吃4天的面包,这些面包品种有椰蓉面包和豆沙面包。她每天吃的椰蓉面包的数量各不相同,在1~4个之间,而吃的豆沙面包数量每天也都不一样,在1~5个之间。

各位读者,你们能根据以下的条件,推测出卡罗琳每天要吃哪几种面包,分别都吃了多少个吗?

一、她吃掉的面包总数量随着日期的增加而每天增加1个;

二、周一她吃了3个椰蓉面包,星期二吃了1个椰蓉面包,星期四吃了5个豆沙面包;

三、4天里她吃的每种面包的数量都互不相同。

> 推理提示:根据条件"二"可以推断出:周二吃的豆沙面包不是4个就是5个,如此再根据其他条件进行推论下去。

喜欢喝酒的夫妻

推理难度级别:★★★★　　破解时间:13mins

推理现场

美国有一对夫妻,他们两人都非常喜爱喝酒。

假如他们一起喝,那么平均每60天就要喝完一大桶葡萄酒,8个星期就可以喝完一桶白兰地;假如让丈夫单独喝葡萄酒,那么他则需要30个星期才能全部喝完一大桶;假如让妻子一个人喝白兰地,那么她至少需要40个星期才能全部喝完一大桶。

他们在喝酒的时候还有一个怪癖,有白兰地的时候丈夫只喝白兰地,有葡萄酒的时候妻子只喝葡萄酒。现在他们家还有半桶白兰地和半桶葡萄酒。

　　问:这对夫妻需要花多长时间才能完全喝光所有的酒呢?

> **推理提示:**根据题目中所给的妻子一个人喝完一桶白兰地的时间和夫妻一起喝完一桶白兰地的时间,可以推算出丈夫喝完半桶白兰地所需要花费的时间,那么我们还可以用同样的方法推算出妻子喝完半桶葡萄酒需要花多长时间,最后看谁先喝完半桶酒,先喝完了酒的人还会喝另外一种酒,直到所有的酒都没有了。

按响门铃的按钮

推理难度级别:★★★★　　　破解时间:13mins

推 理 现 场

　　一位名人家里的门铃整天响个不停,很多时候都是无聊的人按的,这让他苦不堪言。

　　于是,他就请了一位教数学的朋友想办法解围。这个朋友在他家门前安装了一排按钮,上面共有6个数字,不过其中只有一个是真正通门铃的。

　　按门铃的人只要摁错了一个按钮,或者是和正确的按钮同时摁,那么整个电铃系统也会自动停止工作。

　　这个教数学的朋友还在大门的按钮旁边贴了一张告示,上面写道:"1在2的左边,2是3右边的第三个,3在4的右边,4紧挨着5,5和1中间隔一个数字。如果想按响门铃,那么就请按上面没有的那个按钮。"

　　各位读者,你们知道这6个按钮中,哪一个才是按响门铃的那一个吗?

> **推理提示:**市题没有别的办法,只能一步一步地拆解分析。

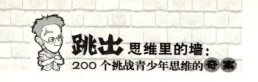
四兄弟的任务

推理难度级别：★★★★　　　破解时间：9mins

推理现场

一天，兄弟四个人去野炊，他们有一个人在挑水，有一个人在烧水，有一个人在洗菜，还有一个在淘米。

现在我们知道：老大既不挑水也不淘米；老二既不洗菜也不挑水。假如老大不洗菜，那么老四就不会挑水，老三也不挑水也不淘米。

各位读者，你们可以通过以上所给出的条件，推断出他们各自在做什么吗？

推理提示：我们先推断他们每个人可能会做的事，然后根据某一个条件确定一个人该做的事，这样一来其他人的工作任务就可以推断出来了。

两个相同的气球

推理难度级别：★★　　　破解时间：5mins

推理现场

一天，贝尔将两个大小一样并且装满水的气球，放在了两个装着凉水的盆子里。这两个盆子里装的水是一样的，可是非常奇怪的是，一个气球沉在了水里，一个气球则浮在水面上。

各位读者,你们知道这是为什么吗?

> **推理提示**:这两个装了水的气球体积大小是一样的,可是放在相同条件的盛水盆子里,它们却一个下沉一个上浮,这就得需要考虑气球内装的水有什么不同了。

吃完野羊的时间

推理难度级别:★★★　　　破解时间:7mins

推 理 现 场

野生公园内有一只野羊,一只狮子将它吃完用 2 个小时,熊将它吃完则用 3 个小时,而狼将它吃完需要用 6 个小时。

各位读者,假如这 3 只野兽同时吃这只野羊,那么它们将用多长时间才能把它吃完呢?

> **推理提示**:该题不是一道简单的游戏,需要根据实际情况来解答。

铁丝的温度有怎样的变化

推理难度级别:★★　　　破解时间:4mins

推 理 现 场

接在电路上的一根铁丝已经热了, 这个时候需要用冷水滴在铁丝的左端。

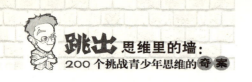

假如冷水滴在铁丝左端后，那么铁丝右端的温度和刚刚相比，会有什么样的变化呢？

小王说："铁丝右端温度就要比刚才冷！"

小李说："铁丝右端温度要比刚才更热！"

小何说："铁丝右端温度一成不变。"

各位读者，你们知道谁说的正确吗？

推理提示：这是一道物理题，由于铁丝是接在电路上的，那么就需要考虑当冷水滴在铁丝上时，这根铁丝的电阻、电流会有什么样的变化。

遗产该怎么分

推理难度级别：★★★　　　破解时间：10mins

推理现场

迈阿密先生刚过而立之年，虽然比较年轻，但是他依靠投资股票，已经拥有了2100万英镑的巨额财产。

可是非常不幸的是，最近迈阿密先生被查出身患绝症，没几个月便会离开这个世界。不过，幸运的是他的妻子这时已经怀了孕，这将是他唯一的后代。

于是，迈阿密先生就立下了一份遗嘱，他在遗嘱上写道："假如我的妻子生的孩子是男孩，那么他可以得到1400万英镑的遗产，而剩下的700万英镑则留给我的妻子；假如生的是个女孩，那她只能得到700万英镑的遗产，剩下的1400万英镑则留给我的妻子。"

几个月后，迈阿密先生去世了，不久他的妻子也分娩了。可是出人意料的是，他的妻子生了一对双胞胎兄妹。这个时候，负责执行迈阿密先生遗嘱的律师犯了难，因为现在有了三个遗产继承人。

各位朋友,你们能帮帮执行遗嘱的律师吗?

推理提示:仔细想一下遗嘱的真正含义。

三张扑克牌游戏

推理难度级别:★★★★★　　　破解时间:15mins

推 理 现 场

我们经常会在街头看到这样的把戏:有一个走江湖的人取出 3 张扑克牌——两张 A、一张 K,放在地上让你猜猜。假如你经不住诱惑,上前试一试,那么恐怕会输多赢少。很显然,走江湖的人在牌上做了手脚。

现在,我们这里也有两场三张扑克牌的"把戏",不过绝对没有做过手脚。

(1)三张牌都是花色牌(不是大王小王),其中红色花牌(红桃或方块)最多一张,也可能没有;其中只有一张是 A,但是又不知是红 A 还是黑 A。

这三张牌的反面向上,一字排开,并且你可以在每张牌的背面看到一句话。如下图:

这张不是 A 牌	这张是 A 牌	这张不是 A 牌
第一张牌	第二张牌	第三张牌

假如某张牌是红花色,那么它背面的话一定是真话;假如是黑花色,那么就是假话。现在请你判断上面哪张是 A 牌?是红色 A 还是黑色 A?

(2)各位读者,假如你认为上面的这道题目有些简单,那么请你再看下面这一道题。这道题也是三张牌——一张红牌,一张黑牌,一张怪牌,也是反面向上,一字排开,且每张牌的背面也有一句话。如下图:

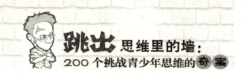

怪牌是第三张牌	黑牌是第一张牌	怪牌是这张牌
第一张牌	第二张牌	第三张牌

如果红牌的背面是真话,那么黑牌背面就是假话,而怪牌的背面既可能是真话也可能是假话。现在请你判断一下,哪张牌是怪牌,哪张是红牌,哪张是黑牌?

推理提示:根据题目所给的线索寻找答案。

表演学校的话剧演出

推理难度级别:★★★★　　　破解时间:13mins

推 理 现 场

每年开学的时候,哈尔所在的雷克萨斯表演学校都会举办一场模仿动物演出。今年演出的人由 4 个小朋友来出演大象、老虎、狮子、犀牛的角色。不过,她们每个人在正式演出时的角色与排练时是不一样的。

有人问她们在排练和演出时都分别扮演什么样的角色时,以下是她们的回答:

丹妮:“在排练的时候安娜的角色是演出时杰斯的角色。”

安娜:“黛佳在排练时扮演的是老虎角色。”

杰斯:“我在演出的时候扮演的是犀牛角色。”

黛佳:“安娜在演出的时候扮演老虎角色。”

现在,我们只知道,排练时扮演大象的那个人会撒谎。

各位读者朋友,你们能判断出她们在排练和演出时都分别演了什么样的角色吗?

推理提示:该题需要先找出在排练时扮演大象的人。

谁点了牛排

推理难度级别：★★★★　　破解时间：10mins

推理现场

这一天，有 4 个好朋友来到一家西餐厅用餐，他们选定了一张圆桌，分别按照 A、B、D、C 的顺序坐下，他们在看完菜单后，每个人都点了主菜、汤以及饮料。

杰克先生在主菜方面，点了一份鸡排，布尔先生则点了一份羊排，而坐在 B 座位上的人则点了一份猪排。

在点汤方面，史斯先生以及坐在 B 座位的人都点了玉米浓汤，而杰克先生则点了洋葱汤，另外还有一人点的却是罗宋汤。

在饮料方面，史斯先生点了一杯热红茶，杰克先生和布尔先生都点了一杯冰咖啡，而另一个人则是点了一杯果汁。

大家在点完后，突然发现邻座的人都点了不一样的东西。

各位读者，假如坐在 A 座位的人是杰克先生，那么坐在哪里的先生是点了牛排呢？

> **推理提示：**首先必须要注意他们所坐位置的顺序，然后再根据邻座人都点了不一样的东西，推算出这 4 个人座位的次序。

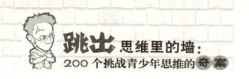

不见了的金属球

推理难度级别：★★★　　破解时间：7mins

推理现场

在一场魔术表演时，有一个魔术师的桌子上冒出二氧化碳气体，这种气体可能来自水中的干冰。

可是，当他用魔杖敲打一个正在冒烟的金属球，并且把它放在一个大小正合适的木盒子里时，奇怪的事情发生了——盒子是放在大家都能看见的盘子里，一会儿这个球就不见了。

以下是给出的线索：

一、这是一个固体的金属球。

二、在那个盒子的底部有一个很小的洞。

三、球的直径是小洞的 30 倍，是不能穿过小洞的。

四、这个盒子干爽还有些热。

各位读者，你们能对此做出合理的科学解释吗？

> **推理提示：**想一想什么金属的熔点比较低。

国际会议

推理难度级别：★★★　　破解时间：8mins

推理现场

在一次国际学术会议上，有来自 4 个国家的甲、乙、丙、丁 4 位专家，他们发现彼此在交谈和进行学术交流时发生了语言上的隔阂。

原来,他们每一个人都只会讲汉、英、法、日四种语言中的两种,可是没有一种语言是大家都懂的。不过,因为这次会议非常重要,所以他们还是想尽办法来推进相互间的继续交谈。

以下是现场的实际情况:

一、有三个人会讲同一种语言;

二、甲只会讲日语,丁却不会,不过他们可以愉快地交谈;

三、乙不会英语,可是甲、丙二位先生在对话时需要请他当翻译;

四、对乙、丙、丁三人来说,没有一种语言是他们三个人都会讲的;

五、既懂法语又懂日语的人一个都没有。

各位读者,现在请你开动脑筋,正确地判断出这4位先生都各会说哪种语言?

> **推理提示:**想要解决这个问题,最好要用表格和推理两种办法,因为这样可以条理清楚一些。

聪明的小孩

推理难度级别:★★★★★　　　破解时间:9mins

推 理 现 场

一家三口去外地游玩,夜色降临后,他们需要找一家旅店住宿。因为来这里游玩的游客特别多,所以他们一时找不到有空余房子的旅店。

后来,他们总算是找到了一个价格合理并且条件也不错的旅店,可是当他们要租住的时候,旅店的老板却告诉他们,旅店不租给带孩子的客户。

丈夫和妻子一听就火了,但是人生地不熟的也没有别的办法,无奈之

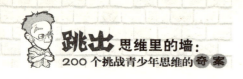
下他们只得黯然走开。

就在这个时候，他们的孩子对旅店老板说了一句话。旅店老板听后，高声地大笑起来，把房子租给了他们。

各位，你们能猜出这个孩子对旅店老板说了什么话吗？

推理提示：由于旅店老板不把房子租给带着孩子的客户，所以要从旅店老板的租房规定上去思考。

猫狗比赛

推理难度级别：★★★★　　　破解时间：15mins

推 理 现 场

一个风和日丽的上午，一只小白猫与一只小黑狗在公共广场上相遇，它们互相打完招呼后，竟不约而同地夸耀自己的特长，它们两个都夸自己比对方跑得快。

黑狗很自信地说："我身体比你长很多，一步就能跨出 30 厘米远的距离，而你每步最多能跨出 20 厘米远的距离。"

小白猫不服气地说："可是，我比你更灵巧呀！你跑两步的时间，我都能跑三步了。"

就这样它们谁也不服谁，争论得越来越激烈，吸引了众多的围观者，围观者提议用比赛决定胜负，于是它们决定用 100 米往返赛跑来测试谁跑得最快。

那么到底谁才是这场比赛中的冠军呢？

推理提示：重点是比赛折返点和终点时会出现的情况。

被捕的购物者

推理难度级别：★★★　　破解时间：8mins

推 理 现 场

有一个男人的收入很低，可是他却想购买很多的东西，而这些费用却是他的收入不能承担的。于是他就设计了一个计划，并且自信这个计划可以帮助自己实现购买很多东西的欲望。

这个人对电脑非常熟悉，并且十分清楚超市的电脑系统是如何运作的。他来到超市后，就开始实施计划。他先是选了满满一推车的商品，然后准备按照收银机上显示的商品价格买单。可是，就在这个时候，两名超市保安将他逮了起来。

以下是给出的线索：

一、收银机显示，他一共需支付 200 美元。

二、他买的物品都是罐装、瓶装或者盒装的商品，并没有买水果和蔬菜。

三、他设计的方案非常巧妙，并且在做手脚的时候没有被店中的摄像头拍到。

四、他把每件商品都交给了收银台进行扫描，在身上和手推车里并没有暗藏东西。

请问，两名保安是根据什么将他抓起来的呢？

推理提示：收银机是通过识别商品上的条形码进行收费的，这名男子就是在条形码上做了手脚的，可以根据这一点进行推断。

答 案

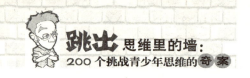
上篇　侦探游戏

一封致命的遗嘱

该律师采用的是排除法。当时律师走下楼梯时脸撞到了一张蜘蛛网，这就说明阿成根本就没有从后楼梯走过。西尔说自己一直坐在主楼梯旁，这就是说阿成也没有从主楼梯走过。另外，刚刚擦拭过的厨房地板，上面非常干净没有脚印，这说明丝塔也没有走进过厨房。由此可推断他们几人中只有西尔有时间杀人，并且他还说了有人从后门闯进来这样欲盖弥彰的话。

礼物全部分完了

凶手是总经理富杰。他忙了一天，后来又来到二十楼的会议室给员工分发礼物，这些礼物都是他事先精心准备的，可是发到最后却独独没有比奇的礼物。假如他事先不知道比奇出了事，那么礼物必然会多出比奇的一份。由此我们可以判定，总经理富杰就是凶手，他把比奇杀死后，当然也就没有必要再为比奇准备礼物了。

假扮工作人员

喂犀牛吃牛肉的那个饲养员是窃贼冒充的，犀牛是食草动物不吃肉的。

不翼而飞的钻石戒指

井下崎茜子家中桌台上的那根小火柴棍给稻田村上提供了重要线索，稻田村上在火柴棍上发现了鸟嘴的咬痕，于是他就向井下崎茜子打听附近有几家养鸟的情况。之后，他在鹦鹉、猫头鹰、信鸽等鸟中，推断出作案者是猫头鹰，因为窗户是开着的，人虽然爬不进去，但是鸟却可以自由进出，而在这些鸟中，唯有猫头鹰可以在夜间行动，所以他断定作案者是猫头鹰。猫头鹰之所以会在嘴里含着火柴棍，是因为主人池城怕它在行动中发出叫声，平时就训练它咬着火柴棍飞行。这只能干的猫头鹰果然不负池城所望，它飞到井下崎茜子的房间后，看见桌上那枚闪光的钻石金戒指，于是就丢弃火柴棍，叼着戒指飞了回去。

打枪游戏

这一切都是杰克的精心策划。

一、杰克不断和小儿子玩"打枪"游戏，致使小儿子对此产生了惯性。

二、显然，真手枪是被事先放在了小儿子容易取得到的地方。

三、真枪上一般都有"保险"，如果没有人事先教小儿子打开"保险"，那么小儿子定然不会这样做。

以上种种疑点，都足以证明杰克有杀生意竞争者的嫌疑。不过很可惜，法庭却忽略了这些。

谁是真正的贼

苻融说的话是："如果你跑得比过

路人快的话,那么过路人又怎么会追上并捉住你呢!"

大柜里的秘密

宋明忽然意识到,昨天晚上自己身上也带了许多钱,可是这些强盗却把自己给赶走了,由此他想到一定是因为人数的缘故。事实证明这些果然让他给猜中了,原来那两个带有巨资的布商早就被8个强盗盯上,他们预先在那口大柜里藏了2个同伙,等半夜杀死2个布商后,就用2个死的换出2个活的。假如这些强盗不把宋明撵走,那么人数就会对不上了。

"大合照"时的枪声

凶手就是摄影师。

因为子弹是从新郎前面射出的,所以和新郎、新娘一起拍大合照的三十多个人一定不是开枪者。而最可能是凶手的新郎兄长和叔父,两人却始终没有在案件中出现,因此也可以排除。而这样一来,剩下的就只有一个人——摄影师。可是,虽然只有他一个人站在众人的前面,但是大家都没有看见他开枪。我们细细回忆一下,枪声是伴随着闪烁的镁光灯而起,那么可以推断,凶器就藏在相机的镜头里,按快门就等于是扣动扳击。

被抢的夜总会

管理员先准备了一根足够长的绳子,将其一端绑在自己的腰部,然后借助梯子将绳子的另一端打一个结绑在顶梁上,然后从梯子上爬下再把梯子弄到门外。最后他沿着绳子向上爬到顶梁,再把绳子在顶梁上绑第二个结,接着把第一个结松开,再用事先准备好的剪刀把第二个结前面的绳子剪掉并丢到窗外,接着便将自己垂降下来,这样自己就被吊在了半空中。

凋谢的花瓣

我们都知道花朵在枯萎以后,花瓣便会自然落下。正常的情况,死者窗台上的花枯萎凋谢后,人们应当在窗台或地板上找到落下的花瓣,而不是一点点灰尘,因此加布力尔警长判断花瓣是被犯罪嫌疑人清扫现场时一并打扫走了。

理发师破案

这个中年人在犯案后,立即改换了头型,并且还把脸上的胡子刮光,又配了副眼镜。警官让理发师把中年人的头刮得光秃秃的,这样一来,他头上侧分界的头皮因为受到长期阳光照射的影响,所以与周边的头皮明显不同,接着他再摘掉眼镜,就和照片上的通缉犯一样了。

神奇的马

老人之前大声说过"偷金子的人只要一拉马的尾巴,马就会喊叫",这个偷金子的人因为做贼心虚,所以他不敢去拉马尾巴,因此他的手上就不

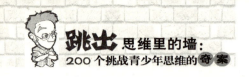

会沾有马尾巴上的气味，老人闻过每个人的手后便知道谁是盗贼了。

衣柜里的"凶器"

盖尔夫人是自杀的。

盖尔夫人趁着盖尔和秘书外出约会时，用绳子一端绑着一块巨石，又用另一端绑住手枪，之后将石头从桥上放入水潭，一手拿枪对准自己太阳穴。枪响手松，石头带着手枪，碰掉了石桥上的缺口，最后沉入潭底。盖尔夫人在自杀前，就预先将一支型号与自杀现场相同的枪，偷偷地放在了秘书家的衣柜内，试图嫁祸给她。

兄弟打官司

县令何文将陈伟带到县衙，厉声喝问他："今天，本官刚刚查获一桩盗窃案，根据盗犯招认，他所盗来的赃物全部都窝藏在你的家中，你读了那么多诗书，竟然会干出如此无法无天之事，你可知罪！"

陈伟听县令如此一说，脸色瞬间变得惨白，连忙跪地磕头道："回禀大人，我自幼一直在家读书，从来不与外人来往。家兄陈辉常年在外经商，走南闯北，结交了许多不三不四之人，或许这里面藏有隐情。家里的物品都是陈辉购置，与我没有一点关系。"

"哦，是吗？你们家里的物品都是陈辉购置的？"

"是的，一点不错。"

县令顿时把脸一沉，大声喝道："大胆陈伟，你竟然霸占哥哥家产，真是丧尽天良，枉读了那么多书。现在你的家产全部归哥哥陈辉所有，来人哪，把陈伟轰出公堂。"

夜半惊魂

该县官让差役半夜装成死去的婆婆，来到小庙对小姑和嫂嫂说："明日你们谁要是撒谎，那么我就抓她去见阎王。"小姑子看到母亲鬼魂来找她，吓得胆战心惊，于是就把真相说了出来。

劫机事件

疑犯就是那个中年人。

这个中年人由于母亲病重，而自己却没有足够的钱买机票飞往迈阿密，于是只好购买一张飞往纽约的机票。他在登机后，就在洗手间内贴上一张纸条，直至飞机起飞后的5分钟左右，才假装前往洗手间，出来后立即通知了空乘小姐。控制塔为了乘客安全，加上时间紧迫，只好让机长按照纸条的内容行事，这样中年人就达到了目的。

谁偷了同学的物品

我们从小偷光顾前六排的座位，并且只偷了两样东西看，这个小偷是事先就知道了这三样东西，并且目标也正是它们。不过佳丽的东西却没有被偷，由此还可以看出，小偷并不知道他们坐的确切座位，因此班主任妮可兰就可以被排除在外，这样一来她所说的话当然也就是真的了。现在知道这三个人拥有这三样东西，又没有不在场证明，并且也不知道他们所坐的座位，就只剩下拄拐杖的老爷爷和准备去教务处办理转学手续的查理斯同学。我们从班主任妮可兰的话里，知道那个小偷翻过了墙，而老爷爷拄着拐杖是不可能跳过围墙，因此也可以把老爷爷排除在外。这样一来，就只剩下查理斯，那么窃贼必然就是他。至于查理斯为什么没有跟随同学们一起去上体育课，前文已经交代了——他准备去教务处办理转学手续。

果汁杯底下的一张纸条

约翰让服务员在果汁的杯底粘上一张字条，上面写着："坐在你旁边的人就是宿舍抢劫犯，赶快把他抓住。"

被抢的豆子

这个贩豆子的商人是县令陈昌派去的。陈昌让这位商人预先在豆子里掺进少数熟豆子，之后假装路过那所寺庙，果然贩豆子的商人引出了盗贼。后来，差役到寺庙买豆子时发现其中有熟的，这就证明了寺庙里的人是数起案件的抢劫嫌疑犯或是销赃犯。

古堡幽灵

这个幽灵是富商的孙子假扮的。

富商孙子知道爷爷在古堡内藏了大量的珠宝，所以他不希望古堡被别人买下，于是就穿起宽大衣服，把脸用汗巾包起，全身涂上磷（在正常温度下，磷会自动燃烧并发出火焰，不过火焰的本身却不会产生高温），站在椅子上，假装幽灵企图阻吓别人。富商的孙子为了增加事件的悬疑性、神秘感以及提防遭到他人攻击，就利用屋内巨大镜子的反射原理，让自己的身影投射在大厅内。次日晚上，当摩吉赤脚潜入大厅，用石头将镜子打破后，所谓的"幽灵"就原形毕露了。

找不到凶器的谜案

杀死女游客的凶手就是这名男子。他是先用绳子将滑雪杆拴住，然后把滑雪杆向后投向女游客的胸口，在刺死女游客后，他又将滑雪杆用绳子拉了回来，所以警方在现场找不到凶器。

如此巧合的两辆车

马尔那次违章驾驶所交出的罚款，是一张 10 美元崭新钞票，警方根据钞票上的号码发现这张钞票就是第一次被抢的 100 美元中的其中一张。

谁拿了笔记本电脑

拿梅兰笔记本电脑的人是杰克，因为他说昨天晚上他一直在读一本小说，可是昨晚旅馆在 21 点就熄灯了，所以他要是在昨晚读完的小说，那么就一定是用梅兰的笔记本电脑在网上读完的。

失明的钢琴家

贝尔是真的失明了，可是他因为

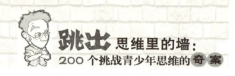
每天听惯了时钟的"滴答"声，所以当听到钟声不对后，就想到一定是凶手站在了大钟前，于是就朝着那个方向开了枪。

聪明的化妆师

这个化妆师是仿照一张通缉犯人的相片给逃犯化妆的。她因为把通缉犯的那张脸移到了这个逃犯脸上，所以当逃犯来到街上后警察一下子就盯住了他。化妆师因为职业关系，所以要广泛地收集脸谱以供化妆之用。谁想到她留下的一张通缉犯照片，竟然派上了大用场。

一则"有毒"的声明

门罗警长让马克以化学家的身份在报上登出一则声明，声明中说自己是个化学家，失窃那天晚上桌子上放的那瓶酒里有毒，谁要是喝了不出5天必然中毒身亡。他要求喜爱那幅画的朋友尽快来他家服用解毒药，要不然生命就会有危险。而那个盗贼看了这则声明后信以为真，第二天就带着盗来的物品自首了。

三田警探

首先"警探"是一种职位，而不是官阶，所以警探的名片上绝不会写"警探"；其次，警探也不会勒索他人钱财。

贪财的算命盲人

这块布是红布，而县官却故意说布是白布，算命的因为看不见，所以也跟着说是白布，最终露了馅儿。

拿不动的大铁锅

偷锅贼先说自己无法背走铁锅，包公看了看他，就故意把铁锅给了他，这个偷锅贼不知是计，非常熟练地把铁锅背在身上就走，从而自己揭穿了背不动锅的谎话，也暴露自己是窃贼的身份。

钟塔上的雕塑刀

副教授是用遥控飞机把带血的雕塑刀运到了高高的钟塔顶部，企图把凶器藏匿起来，让警方无法破案。

惨死在老虎嘴下的驯兽师

卡丝的发型师是一个极端凶残和聪明的凶手，他早就想除掉卡丝，可是却一直没有机会，于是就想到借老虎来行凶。他在卡丝的头发上涂上了一些带有刺激性气味的药品。那只老虎张开大口闻到药品的味道后，便忍不住想打喷嚏，于是就露出了像微笑一样的表情。由于它打喷嚏的力度过大，致使了卡丝脖子被咬断，这样凶手也就达到了目的。

富翁是怎么死的

斯佳丽首先在浴缸内放了冷水，然后再加入大量冰块，最后将喝下掺有安眠药酒的特尔斯放进浴缸。在这种情况下，特尔斯心脏由于麻痹从而致死。斯佳丽见特尔斯已死，就在浴缸内注满了热水，想以此来掩饰自己的行为。

反串角色

井村在百科全书里查到，牡蛎是一种雌雄同体的生物，这也就是说牡蛎存在着两种生殖功能。它会根据所处环境的不同，以此来改变自己的性别，故而井村断定山本在临死之际还紧紧攥着牡蛎黄，就是为了指证杀害自己的凶手就是演反串角色的小林。

谁在说谎

汤姆说他捡的木柴是因为掉在地上才被打湿的，可是，下雨之后的木柴本来就是湿的，不会因为掉在了地上才变湿，所以可以断定汤姆在说谎，他就是凶手。

巧识作案者

自刎而死的人，拿刀的手应该较软，在死后的一两日内手肘可以弯曲。可是，县令在查验杨天的尸体后，发现他的左右手都非常僵直，这极不合自刎逻辑，由此县令推断杨天是被别人杀死的。

寒冷的一夜

伯顿夫人说的话有着非常大的破绽，宾利在进入她家时，房间非常暖和，以至于他把外套、帽子、手套和围巾都脱了下来。这天室外非常的冷，而且还刮着很大的风，如果按伯顿夫人的说法，那扇窗被打开至少已有四十分钟，如此一来，那么房间里的温度应该是非常低的。所以，侦探宾利推测窗户是刚被打开不久，从而推翻了伯顿夫人的话。

火炉上的烤肉

这个人说自己从没有来过这里，可是他却知道炭块已经变凉，并且还毫不犹豫地把手伸进炭盆里取出烤肉，这不是犯了逻辑性错误吗？由此，迈尔警长断定他就是凶手。

遇害时间

乔治是从蜡烛的熔化情况判定出船长被害的时间为昨晚9点左右。

从蜡烛上端熔化部分呈水平状态来看，该船在触礁倾斜时，蜡烛还是燃烧的。海水涨退潮的间隙为6个小时，而这艘船是在上午9点左右被发现的，此时恰好刚退潮，由此可以推测，此次退潮至上一次退潮，其间只涨过一次潮，进而可推断船是在昨晚9点左右触礁倾斜的，而凶手也正是在此时作了案。如果凶手是在涨潮之时进入船室吹灭蜡烛作案，那么蜡烛上端熔化的部分一定会和船体倾斜的状态呈同样的角度才对。

大象生活在哪个洲

在我们的这个地球上，只有亚洲和非洲有大象，南美洲是没有大象的。

电文里的秘密

李处长是根据电文中"朝"字，推断出毒贩子交易的具体时间的。这个"朝"字，并非是指某个人名或地名而是表示日期。在中国的古代汉语里，经

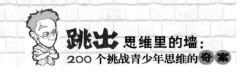
常会把"朝"字拆开，拆开后不但代表"10月10日"，而且还有早晨之意，所以李处长判断出，毒贩们接货时间应该为"10月10日的早晨"。

玻璃案件

秘书是利用毛玻璃的特性偷走了10枚金币。

因为毛玻璃的不光滑面只要加点水，就能使毛玻璃变得比较透明，秘书正是利用毛玻璃的这一特性，才看到了罗埃长官在办公室里所做的一切。而桑梯尼所在的左边房间，毛玻璃的一面是光滑的，所以他无论如何也不可能看到罗埃长官在办公室里所做的一切。

谁杀死了他

李龙在自杀时，是将刀片捆绑在鸟的腿上，在自杀以后，鸟张开翅膀飞出了窗外，因此警方在屋内是找不到利器的。

棺材中的宝物

苏无名观察能力非常强，他刚到洛阳的那一天，碰巧看到了十几个哭哭啼啼的人抬着棺材向城外送葬，虽然这些人哭声震天，但是言行举止间却没有半点悲伤，于是苏无名就怀疑他们是盗贼。后来，听说太平公主的宝物被盗，他心里便明白了半分。在接过案子后，苏无名知道寒食节将到，便猜测这些人要借扫墓的机会出城，于是就派人进行追踪查证。果然，这些人到了坟地后哭而不哀，最后还围着坟墓察看欢笑，苏无名就料定坟墓中定然埋了赃物。

证据从何而来

刚开始莫林觉得这个金发女人非常眼熟，后来终于想起她就是通缉在逃的诈骗犯。在厕所里，他故意装作是聋哑人，让女诈骗犯把自己要钱的话写在一张纸上。于是，他就以此为证据成功地抓住了这个诈骗犯。

寻找嫁妆

杨广推测盗贼在看了公告后，因为害怕第二天会被查出来，于是就想把偷来的衣服运出城外。可是整箱的衣服目标太大，他们就把衣服穿在自己身上，然后分几次出城。杨广对守城士兵们说的话是：你们要是看到谁反复进出城门，那么就需对他们进行仔细搜查。

同床异梦

绑匪即是陈先生。

很奇怪吧！陈先生来到这个小镇是为了避债，可是陈太太手里却有100万美元现金，那么，她为什么不替丈夫还债呢？妻子手里有巨额钱财，这点陈先生早就有所怀疑，为了让妻子把这笔钱拿出来还债，他就自导了这起绑架案，并最终弄清了太太的真实财政状况，不过他也因此被判入了狱。

一则漏写的悬赏启事

文中乔汉在看完那份寻物启事后，就生气地喊仆人阿华，准备好好地责骂他。乔汉生气的原因是阿华没有把家里的住址写进启事中，只是在启事上留下了邮政信箱的号码。假如那位绅士光是看了启事的话，那么他是绝对不会知道乔汉医生家的住址的。

跳崖者的太阳镜

罗克探长是从死者鼻梁上的太阳镜，断定出死者并非是从悬崖上坠地。因为如果是自杀的话，那么死者从悬崖上跳下来的时候，鼻梁上的太阳镜应该会摔掉或者碰碎，但是死者的太阳镜却好端端地架在鼻梁上，这极不符合逻辑。

无影凶手

凶手正是婷婷。

小芝回来以前，婷婷就在八号房间里将梅子勒死了，为了制造自己不在场的证据，她把餐具放在小饭桌上，再用长绳子绑住桌子的腿，把绳子垂到窗户外面。最后，她把房门锁上后就回到了楼下自己的房间。等她看到小芝回来后，就拉了拉窗外的绳索，将梅子房间的小饭桌拉倒，致使餐具滚翻在地发出很大的声响。最后，婷婷趴在自己房间的窗户外面，利用排水的铁皮管作为传声器，把自己发出的救命声传到死者的房间。

不翼而飞的大钻石

偷钻石的人是清洁工人，他利用自己出入放钻石房间的便利，用吸尘器吸出了玻璃瓶中的钻石。

灵验的诅咒

杀害狄克的凶手就是狄克的侄子。因为表若是从高处摔下来，不是停止不动就是会变慢，不可能变快的。他的侄子为了掩饰真相，就在上楼开窗时故意拨快。之后，他又故意向天放枪并大声诅咒，因为知道伯父只要被吵醒必定会下楼来对表，所以他事先在楼梯上作了手脚，从而让狄克绊倒从楼梯上跌下来摔死。

好心办了坏事

凶手是张平和张胜叔侄俩。

原来，在张胜前来看望叔叔张平的那一天，外面突然下起了瓢泼大雨。这时，有一个外地男人进来避雨。张胜看到来人的行李囊里有不少钱财，于是心生歹念，就和张平一起将此人杀了。为了将事情做得完美，他们就把死者的头割下来埋在后院，然后扒下尸体上的衣服，换上张平日常穿的衣服，二人就连夜逃走了。

过了一阵后，张胜为了探听消息，就假装前来看望叔父。当他得知乡邻们已经把尸体当做张平下葬后，暗喜地回去和张平商量，二人为了讹诈乡邻们钱财就让张胜以移葬为名，坚持开棺看人。

葡萄架下的晚餐

最后，寇安命人把葡萄架全部拆毁，众人在架子上捉到了一条4寸多长的毒蝎。原来，那日陈贵一家在葡萄架下吃饭，肉鸡的香味引来毒蝎的唾液，陈贵因而中毒身亡。

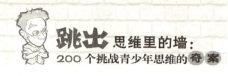
赎金跑哪儿去了

绑匪是从 22 号寄物箱背后的箱子里把中间的隔板取下，然后把手提箱给拉了过去，之后取出钞票后又把手提箱推回原处，最后再放好隔板，一切做得天衣无缝。

案发现场的神秘印迹

凶手是一名芭蕾舞演员，她是穿着芭蕾舞鞋作案的，所以地面上留下了点点的痕迹。

杯子里的冰块

雷恩警长拿起酒杯后，发现里面还有冰块。女佣人说冰块是自己两个小时之前放进去的，可是在经过两个小时，这些冰块不可能没有化掉，这就说明这杯酒是田村死后才放进房间的。由此可知女佣人是在说谎，而她说谎的目的应该就是掩饰她的行为。所以，雷恩警长断定女佣就是杀人凶手。

一张关键的相片

兰克警长上午 10 点的时候，正在市内的公园里，当时正好下了大雨，而哈克的相片的背景却是晴朗天气。所以，这张相片根本就不是当天拍的。

大钟的密码

秘密就在古老的大钟上，乔丽娜进入书房时已经接近深夜两点，可是她在房间内搜查了大半天，时钟始终指向 9 点 35 分 15 秒的位置，为此她灵机一动，将时分秒的数字排列为 93515。但是，还差一位数字，乔丽娜就将 9 时改为国际通用时间 21 时，数字就排列成了 213515，这便是保险箱的密码了。

耐旱的名贵瑞香

名贵的瑞香是一种非常耐旱的植物，它只需很少的一点水就可以存活，倘若把水浇得太多，那么它就会死去。而卡兰小姐告诉警察说自己每天都会给瑞香浇水，并且它还长得非常美丽，这就可以证明卡兰小姐是在撒谎。

救命的壁钟

为了方便人们在夜间看清时间，很多酒店大钟的指针上都涂有荧光粉。荧光粉如果长时间处在黑暗中的话，那么它就会非常暗淡甚至看不到，不过刚刚还被灯光照射过的大钟指针非常明亮，所以艾比在进门后，看到大钟上明亮的指针，就知道房间有人来过了。

谁偷了古书

很简单，劳瑞之前说他为了保护现场，没有进入过房间，既然他没有上过楼，那么又怎么会知道小偷是拆了书柜的门偷走书的呢？肯尼警长由此判定，劳瑞是在撒谎。

起火的吉普车

警方是根据烧毁的吉普车油箱指针指向零位置，判定这是一场阴谋的。因为油箱指针所指示的油已经没有了，这就表明吉普车在坠入谷底之前，车上就已经没有了油，所以不可能会引起大火。警方由此推测出，这起案件是人为制造的假象。

神奇的特效药

这是一个非常普通的心理测试，杰克博士利用了罪犯的心理，因为真正的罪犯是不会将药水喝下去的，而无辜者却可以坦然地将药水喝掉。

伪造现场

由于冰箱制冷的同时也会散热，因此厨房内的温度不会降低，故而爱兰伪造现场的计划失败了。

避雨的弟弟

张县令告诉众人，王勇是在下雨的时候，跑到田边的大树下避雨。这棵大树是这片空旷田野里的最高物，所以当时天上在打雷的时候，击射出来的电流必然会先射到大树上，而这时在大树下避雨的王勇也就会被雷击中，从而造成了他的死亡。

间谍的秘密情报

氨基比林药片和牙签是书写秘密情报的工具。氨基比林药片用水冲开后，便会成为一种无色液体，然后再用牙签蘸着写到纸上，这样一来就看不见字迹。之后，再用特殊方法处理后，写在纸上的字就会清楚地显示出来。

开着汽艇逃跑的罪犯

贝利警长是通过汽艇在行驶过程中，所产生的水波纹的大小来判断哪艘是罪犯驾驶的。因为汽艇开得越快，其接触的水面积就会越小，从而产生的波纹就会越小。由于警员们追罪犯时，开的汽艇比罪犯开得快，所以警员们汽艇后面的水波纹就会比罪犯汽艇后面的水波纹小。贝利警长在关键时刻，是利用水波纹的科学知识分辨出罪犯的汽艇。

失踪的弹头

气枪的子弹头是凶手用盐块做成的，盐块射人死者心脏后很快溶化了，由此法医也就找不到了。

十公里外的一个电话

老人的外甥事先在老人的电话机上，装了一个可以使电话线短路的装置。之后，他偷偷地让老人吃下安眠药，当老人入睡以后，他就弄坏煤气管的开关。做完这一切后，他就跑到了那家饭店。

他在吃饭过程中，估计老人房间里已经充满了煤气，于是就在饭店里拨通了老人家的电话。这时，电话机内的电流遇到了电话短路装置，故而溅出火花，导致了煤气爆炸。

一块被吃过的口香糖

罗拉吐在约翰家门口的口香糖上，有着罗拉的牙齿印。

一只大红色的龙虾

因为龙虾只有在煮熟以后身体才会变成红色，而这个流浪汉说他看见老板把一只红的龙虾放进锅里煮，很

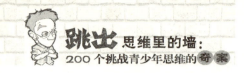
明显他在说谎，因此凶手就是他。

谁应该拥有这笔金子

最后，法官是将金砖判给了那头驴子。因为契约上规定，谁背回了金子那么金子就会归谁所有，而那金子的重量足有几百斤，两个淘金者无论如何都是不可能将这么重的金子背出百米开外的，他们只带了一头驴子，所以金子一定是驴子背回的。

巧计破窃案

找到驴子的当天，县令张坚就叫差役们把驴子看管好，并告诉他们不能给驴子喂一点草料。驴子经过一天一宿没有吃东西，自然饿得直叫，第二天晚上，张坚让差役将驴子放开让它随意走动，自己则跟在驴子的后面。这时，驴子又饿又渴，于是就径直跑到这些天喂养它的那户人家去了。差役们在后面跟着，来到这家后仔细一搜，果然找到了那个驴鞍子。

被害的小提琴手

尔文警长认为尼克是凶手的理由是，尼克在接到他通知让其登台演出时，竟然没有一丝意外，反而像事先已经做好了演出准备。尔文警长从这点看出了他早已知道自己会登台演出，这也恰恰证明他早已知道普斯的死亡，同时也证明了他有杀人的嫌疑。假如他是无辜的话，那么他在得到通知出场时，就应该先用松香擦拭琴弓并调整琴弦等一些简单的演奏前准备工作。

正在施工的别墅

作案的凶手是管家。

死者身亡的原因不是遭到了枪杀而是被高压电电死的，由于高压电击在人身上所造成的伤口非常像子弹打出来的，所以犯罪嫌疑人只要事后在伤口里放入一颗弹头就可以了。管家先是在床上放上工地用来启动大型机器的高压电线，然后将富翁电死，接着又用枪在床上的电线口位置朝楼下开枪，以致天花板上出现了一个枪洞。接着他又来到楼下房间，对准天花板上的枪洞开枪，所以留下了火药烧灼的痕迹，从而造成是从楼下向楼上开枪的假象。管家因为有全部房间的钥匙，所以他肯定知道两个房间的布置。

学生公寓里的枪声

当时格伦去厨房拿冰激凌时，听到了后门有声响，这就证明了基斯的确是在命案发生之前回的家，并且也证明了他还被电线绊倒了。由此向后推，基斯被电线绊倒后，气急之下扯出了插座上的电线，就又证明了基斯没有说谎。那么，问题来了，既然基斯摔倒并扯出了电线，那么正在修车的汤姆应该会陷于黑暗之中。可是，汤姆却说案发前，自己一直都在修车，这就说明汤姆在撒谎，他当时根本就没有在修车。

被冤枉的狗

亚森太太说自己是刚刚被安尼的

狗给咬的，那么安尼的狗咬伤亚森太太，她的裤子不可能完好无损。由此说来，亚森太太是在别的地方被什么东西咬了后，自己又重新换了条新裤子，才跑来找安尼的。

徘徊不前的警犬

凶手在逃跑到牧羊山坡上后，就踩着满山的羊粪逃跑，他的脚上因为沾满了羊粪，气味把自己鞋子原有的气味给遮盖了，所以就算是再训练有素的警犬也没有办法。

毒酒和美酒

这个聪明的幕僚对两个武士中的任意一个问了这样一个问题："请你告诉我，你身边的这个武士将会如何回答他手里拿的是美酒还是毒酒这个问题？"

聪明的幕僚的这个问题，妙就妙在如果甲回答他手里拿的是毒酒，那么事实上乙手里拿的肯定是美酒。

因为如果甲说了真话，那么事实上乙手里拿的确实是毒酒，因为在这种情况下乙说的就是假话，所以实际上乙拿的是美酒；假如甲说了假话，事实上乙回答的是他手里拿的是美酒，因此在这样的情况下乙说的便是真话，那么实际上乙拿的是美酒。也就是说，不管甲乙两人谁说了真话或是假话，只要智者得到的回答是乙手中拿的是毒酒，那么实际上乙手里拿的肯定就是美酒。

同理，假如甲说乙回答他手里拿的是美酒，那么实际上乙手里拿的肯定是毒酒。

聪明的幕僚设计的这个问题，妙就妙在他并不需要知道这两个武士谁说了真话谁说了假话，就可以得到一个正确的答案。因为假如甲说真话，那么乙就说了假话，则情况就是甲把一句假话真实地告诉聪明的幕僚，而聪明的幕僚听到的是一句假话；如果甲说假话，乙说真话，那么甲就把一句真话变成假话告诉聪明的幕僚，最终聪明的幕僚听到的还是一句假话。总之一句，智者听到的是一句假话。

受伤部位也可以断案

宋慈是凭二人负伤的部位断定出的。

坏人在逃跑时，好人必定是在后面追，而他追上后必然要抓坏人的背后，坏人在被赶上后，必定要回身反抗，这样一来就会当胸打在好人的胸前。接着坏人再跑，好人又从坏人的背后打他，坏人再次回身反抗……如此反复，两人受伤的部位就会变得青紫，而宋慈让他们脱掉衣服后，根据受伤的部位就很容易断定得出。

阿尔卑斯山的凶杀

凶手就是哈尔。正午时分，他假装离开了小屋，等1点30分休伯和约翰都离开小屋后，他便潜进小屋杀了被害者。杀死被害者后，他立即跑到半山

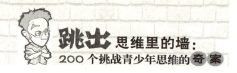

腰,在偷了约翰放在那里的滑板后,一口气滑向山脚下的旅馆,所以他才能在5点多时到达了旅馆。也正是如此,约翰赶到半山腰时却找不到自己的滑板。

冷艳女杀手

这个女子是医院的工作人员,她借着工作机会知道××公司的经理患了心脏病,并且还知道他最多可以活3个月。这名女子,又从别处打听到这个人与哈利有着很深的矛盾,于是她就前去找哈利。最后,等××公司的经理一死,该女子理所当然地得到了一笔丰厚的酬金,而哈利却自始至终地被蒙在鼓里。

巧识贩毒者

第三个人聪明地有些过头了,其他的人说韦德、杰克尼是一个人,只有他说是两个人。

被替换的毒药

医生使用了胃吸管。

医生在王夫人吃完有毒的感冒药死后,就悄悄地溜回来用医用吸胃管插进死者的胃里,然后将溶化后的胶囊吸出来。之后,他又用同样的方法将威士忌酒心巧克力用温水调化后,注进死者的胃里。当然,威士忌酒心巧克力的溶液里也被掺上了氰酸钾。这样,即使法医解剖死者的胃,那么胃里残存的只有未经消化的威士忌酒心巧克力,因而死者被误认为是吃了掺有氰酸钾的威士忌酒心巧克力导致死亡的。

致命的体温计

投毒的人是科里夫人的保健医生。他因为受到安娜重金收买,所以成了谋杀案的帮凶。这位保健医生在每周例行检查时,将无色无味的毒药涂在了体温计的前端。当时的体温计是口含的,所以每次被涂在体温计上的微量毒素就通过嘴进入了科里夫人的体内,经过日积月累后,终于达到了致其死亡的剂量。尽管科里夫人采取了严加防范的措施,可是她还是没有想到安娜会伙同保健医生在体温计上做文章。

为什么会溺水

药剂师和被害人在钓鱼的时候,药剂师给被害人服用了麻醉剂,并且在船上做了手脚致使船体缓慢进水。1个多小时以后,被害人由于药效还未彻底过去,在船沉入水中时他并不能完全活动手脚,从而导致了被害人在半清醒状态下溺水身亡。

不见了的独生女

其实线索在文中已经给出了,堂姐先是进屋察看,是她把打开的门窗给锁了起来。之前,当独生女和外科医生走进别墅后,医生就杀死了她,之后还在浴室里将她肢解,最后用防水布把她包着,放进了大篮子里,因此杀人凶手就是堂姐和她的未婚夫外科医生。

谁才是牧师

一号牢房里的是骗子,二号牢房里

的是牧师,三号牢房里的是赌棍。多利警长首先从一号牢房的人回答中,推知出这个人肯定不是牧师。因为假如他是牧师的话,那么他就会说真话。这样一来,一号牢房里的人不是牧师,那么就可以推算出三号牢房的人在说假话,因此三号牢房的人肯定也不是牧师。既然一号和三号牢房的人都不是牧师,那么真正的牧师必然是二号牢房的人。因为牧师是不会说假话的,所以一号牢房的人是骗子,三号牢房的人是赌棍。

被偷的古董花瓶

赖斯说那个花瓶只值 20 美元,这就说明她把花瓶偷走并且卖掉了,因为只有这样她才有可能知道这个花瓶只值 20 美元。而且她还说:"根本不值得为此冒险去偷",这句话也表明了花瓶正是她偷的。

放哨的人是谁

酒是不会结冰的,而酒鬼手中酒瓶里的酒却有些结了冰,所以他一定是假装的,酒瓶里装的肯定是水。既然是水,那么一个清醒的人为什么要在寒夜里闲逛,并且还假装喝醉呢?因此,他一定就是那个放哨的人。

中毒的影星

因为洗洁剂中含有四氯化碳。这种四氯化碳是一种无色无味的液体,它作为油脂性液剂,常常会被用于衣服的干洗。如果人在饮酒过度后,一旦吸入这

种气体,那么就会导致死亡。这种死亡不会留下明显的证据,所以往往会被认为是酒精中毒死亡。欧伯斯为了让醉酒后的莱克吸入这种气体,就故意在他的领带上沾上调味汁。而酒醉后的莱克用欧伯斯夫人介绍的这种洗洁剂擦拭领带上的污迹时,由于吸入了足够多的四氯化碳,所以导致了死亡。

密封仓库中丢失的古董箱

左拉斯的外甥先是把天窗上的两根铁栅栏拆下来,然后从这里潜进仓库偷走古董箱,最后他在窗口放了一些蜘蛛。因为窗口只要有 3 只蜘蛛,那么它们足够可以在第二天的早上织满蜘蛛网,所以仓库看起来似乎仍然处于密封状态。

聪明的漂亮小姐

答案很简单,只要把地毯的一端卷起来,那么就可以轻易地拿到王冠了。

夏天里的谋杀案

布德把电扇的插头插上电源后,电扇马上转动了起来,这就说明死者在碰掉电扇电源线以前它是开着的,而如果在开枪的刹那电扇还是在转动,那么遗书就不可能端端正正地放在桌子上,其必然会被电扇吹走。因此可以断定遗书是后来被人放上去的,这是一起谋杀案。

走错房间的房客

这个小伙子是因为敲门露了馅

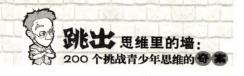
儿，因为三、四层都是单人间，任何一个房客在进入自己房间的时候，都是不可能先敲门的。

几年后的红枣

商人离家几年，如果坛子里放的是红枣，那么这些红枣早就该烂了，可是县官发现坛子里的红枣竟然是完好的枣，由此便断定出邻居说了假话。

职业杀手

当巴克警长问到罪犯的长相时，面馆老板回答说"是个戴墨镜的人"。实际上，他这是在说谎，因为当时是下着雪的严冬之夜，假如从外面进入到满屋热气的房子里时，眼镜片上就会立刻结上一层霜，从而什么也看不清。因此，那个坐在室内角落里的人，被戴墨镜的人一枪击中太阳穴，是不可能发生的。

不识字人写的家书

秋菊指着画对杨不三说："画上的三座山，代表三山（三）得九，而山头上的小旗子则代表三旗（七）二十一。你是读书人，九加二十一，应该算得出来吧！"

一只大肥兔

波顿因为妒忌巴尔才能，所以早就有谋杀他的计划。他知道巴尔爱吃肉，所以借着公司晚宴的机会，买了一只兔子，并且还喂食它吃下了许多有毒的蔬菜和果实。兔子对毒物的免疫力非常强，即使吃下有毒的东西后，短时间内也对身体没有什么影响。巴尔

把兔子烧烤吃掉后，兔子体内的毒素自然也就侵入到巴尔的身体，从而导致了他的死亡。

供词里的错误

杀死凯尔夫人的凶手就是查德，这一天全城的公交公司员工们正在罢工，所以他是不可能坐上公共汽车的。

证人证词

文中已经说明了，死者家的窗帘并没有拉起来，那么对面的人是如何知道来人是叼着烟斗和衣服的样式呢？他在自己家里，最多能隔着窗帘看到人影罢了。波顿警长之所以逮捕他，是因为他描述得太具体了，除非他有透视眼，否则他肯定有问题。

夜半钟声之谜

何老伯在苏醒时听到的第 1 声钟响，是 12 点连续钟响的最后一声，这样一来，他听到的第 2 声钟响便是 12 点 30 分，以此类推第 3 声是 1 点，第 4 声就是 1 点 30 分。

下篇　推理游戏

爱吃醋的丈夫

我们假设这三位丈夫分别是 A、B、C，而他们的妻子分别是 D、E、F。这样如果要使自己的妻子不和别的男子在一起，那么可以通过以下的方式前

去赴宴：A 和妻子 D 乘车先来到目的地，然后 A 返回下车，让 B 和他的妻子 E 乘车前往目的地，然后 B 再返回让 C 和他的妻子 F 乘车前往目的地，接着 D 和 E 再返回；让 A 和他的妻子 D 乘车前往目的地，最后 D 返回，接 E 一同乘车前往目的地，最后 E 再返回，接 B 乘车一同前往目的地。因此，他们总共往返 11 次就可以了。

新人对对碰

A 先生娶丙姑娘，B 先生娶甲姑娘，C 先生娶乙姑娘。

因为题目中提到说："A 先生、甲姑娘、C 先生三人都在说谎"，这就说明 A 先生不会娶甲姑娘，甲姑娘也不嫁给 C 先生，因此甲姑娘只能嫁给 B 先生，因为 C 先生不会娶丙姑娘，所以 C 先生只能娶乙姑娘，那么现在只剩下 A 先生娶丙姑娘了。

谁犯有贪污罪

甲构成了贪污罪。

我们根据题目先假设甲、乙、丙、丁都构成了贪污罪，那么由题意即可得知，只有当甲构成了贪污罪时，才能与 A、B、C、D 四人中"只有一个人说的话是正确的"相吻合。所以，甲是构成了贪污罪的那个人。

美味的糖果

艾丽星期一总共吃了四颗糖，分别是三颗奶糖，一颗玉米糖；星期二总共吃了五颗糖，分别是一颗奶糖四颗玉米糖；星期三总共吃了六颗糖，分别是四颗奶糖两颗玉米糖；星期四总共吃了七颗糖，分别是两颗奶糖五颗玉米糖。

四天中，艾丽最少吃了(1+2+3+4)+(1+2+3+4)=20 颗糖果，最多吃了(1+2+3+4)+(2+3+4+5)=24 颗糖果。假设星期一吃的糖果数量为 X，那么四天总共吃的糖果数量则是 X+X+1+X+2+X+3=4X+6 颗。因为在 20 和 24 这两个数之间能使 4X+6 中 X 的值是整数的只有 22，所以艾丽每天吃的糖果总数量分别是：星期一 4 颗，星期二 5 颗，星期三 6 颗，周四 7 颗，四天总共 22 颗。由于每个星期二她只吃一颗奶糖，因此星期二吃的玉米糖就是四颗。艾丽星期一吃了四颗糖果，可是由于其中奶糖和玉米糖的数量暂时不确定，所以不是各两颗就是奶糖三颗、玉米糖一颗。假如艾丽星期一吃的奶糖和玉米糖各两颗，那么星期三就只能是奶糖和玉米糖各三颗（其他可能性均可排除），这样就无法推出星期四的正确结果了，所以，奶糖和玉米糖各两颗的这个假设是错误的。那么结果就是艾丽星期一吃了奶糖三颗、玉米糖一颗。星期三艾丽吃的糖果总数量为六颗，唯一能满足所有条件的就是艾丽吃了四颗奶糖、两颗玉米糖。同理可

229

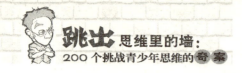
推出，周四的糖果数量分别是两颗奶糖、五颗玉米糖。

真真假假

假如小张说的是实话，那么以前只说过三次谎，那小李说小张第四次说谎的说法是错误的；假若小张以前没说过谎，或者仅说过一次或两次谎，那么这次顶多是第三次说谎，这样一来小李的说法也是不正确的；假如小张以前说过三次以上的谎，那么这次小张至少是第五次说谎了。总而言之，他不是第四次说谎，故而不管小张说过几次谎，小李的说法都是不对的。

盲人的特异功能

因为在阳光下黑色罐子吸收的热量比白罐子多，所以那个黑色的罐子比别的罐子都烫。因此，即便是眼睛无法看见，那么也可以通过手摸分辨出哪个是黑罐子哪个是白罐子。

猴子送礼

园主总共让小猴子送两个橘子。

让我们仔细想一想。当小猴子送给最后一个人之后，它的身边还剩下两个橘子，如果不算最后一个人回送给它的一个橘子，那它就剩下一个橘子了。由此可见，它送剩下的一半给最后一个人，实际上就相当于一个橘子。这就等于告诉我们，小猴子送给最后一个人的，其实只有一个橘子。由此再深递推一步想一想，小猴子在见过第

九十八个人之后，身边剩下来的实际上也就是两个橘子。照这样一步一步地递推下去，你就会恍然大悟，原来小猴子最初只有两个橘子。虽然他每见到一个人就送一半橘子给人家，然而过路者又都将橘子回送给了小猴子，所以园主总共给了小猴子两个橘子。

怎样才能逃出深渊

他们可以借助水的浮力。一个人预先攀上软梯，另一个人等到水漫到颈部时才开始攀爬，且攀爬的速度要与水涨的速度相等。这样一来，水位的高度就会始终在人的颈部，由此借助水的浮力，软梯就可以担负他们两个人的重量了。

少女大猜想

欧利是受害者，贝利是目击者，利亚是救援者，克雷是旁观者。

假如利亚是受害者的话，那么贝利以及克雷所说的话就与受害者有关，那么就是真话了，因此利亚不是受害者；假如克雷是受害者的话，那么利亚所说的话就与受害者有关，那么就是真话了，因此克雷也不是受害者；假如贝利是受害者的话，克雷利亚所说的话也与受害者有关，那么就是真话了，所以贝利也不是受害者。根据以上假设可得知，欧利是受害者。也就是说，四位少女所说的话全部是真话。

我们现在可以将上述的推论整理

230

成如下表格（"X"代表"不是"，"O"代表"是"）：

	受害者	目击者	救援者	旁观者
贝利	X	O	X	X
利亚	X	X	O	X
欧利	O	X	X	X
克雷	X	X	X	O

从这张表格中可以看出，欧利是受害者，贝利是目击者，利亚是救援者，克雷是旁观者。

排名游戏

王晓是第一名。

题中给出的条件是：五种可能的情况中都只有一句话是真的。那么我们先假设在第一种可能性的情况中，王晓第二是正确的，那么可得知在第四种可能性的情况中，丁卫第四是不正确的。那么可依次推出第二种可能性情况中，李明第一是正确的，而第五种可能性情况中，赵亮第一也是正确的。显然，这和每个名次只能有一个人是相矛盾的，因此这一假设不成立。由上面的分析可以看出：第一种可能性情况中，李明第三是正确的，那么第二种可能性情况中，丁卫第四也是正确的，依次这样往下进行推测，可看出第三种可能性情况中，赵亮第五是正确的，而第五种可能性情况中，张冒第二是正确的，最终推测出王晓一定是第一名。

溪水到底能不能喝

这天是个晴朗的午后，而旅行家说"今天天气真好啊"，对方的回答是"是的"，这样一来，就可以知道对方是个说实话的人，因此这条小溪里的水质是没有问题的，可以喝。

摩天大楼里的住户

伊登出了家门，坐上电梯时，向上的层数都是向下的3倍，由此我们知道电梯向上和向下层数之比为3:1。该大楼群共有36层，那么向上的层数应该就是27层，向下的层数就是9层，因此约翰应该是住在9楼。

谁是谋杀案的制造者

我们先假设大伟·维克是杀人犯，这样一来就只有大伟·维克的供述是错误的，这与题意不符，所以大伟·维克不是杀人犯；假设斯巴·格尔莱是杀人犯，那么只有希里尔·萨瑟和大伟·维克说的是对的，这也与题意不符，所以斯巴·格尔莱不是杀人犯；假设希里尔·萨瑟是杀人犯，那么只有阿道夫·哈特的供述是错误的，这与题意不符，所以希里尔·萨瑟不是杀人犯；假设大伟·维克是杀人犯，那么只有大伟·维克自己的供述是错误的，与题意不符，所以大伟·维克也不是杀人犯；假设恩尼·布拉克是杀人犯，最后得到的结果是只有3句是对的，因此制造这起谋杀案的人就是恩尼·布拉克。

魔法仙子是谁

露西是魔法仙子，露西和恩熙穿

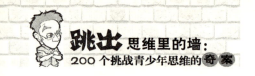
着魔法靴子,而佳琪和露西则是戴着魔法帽子的。

假如美妍说的话是假的,那么露西就不是魔法仙子。因为美妍是单纯的少女,所以暂且可以推断她应该是穿着魔法靴子的,并且没有戴魔法帽子。如果是这样,那么恩熙说的话也是真的,那露西的话就是假的,也就是说,露西是穿着魔法靴子的,那么佳琪说的话也是真的。如果是这样,那就不存在有魔法仙子了,所以说这个推测是不成立的。因此,美妍说的话是真的,露西就是魔法仙子。根据露西说的美妍戴着魔法帽子(这句话是假的),其实美妍没有戴魔法帽子(因为她说的话是真的,所以她没有穿魔法靴子)。那么,恩熙的话就是假的,所以,恩熙穿着魔法靴子,没有戴魔法帽子。由于戴着魔法帽子的少女是露西和佳琪,所以佳琪的话就是真的,即露西同时还穿着魔法靴子。

一张扑克牌

根据题目所给出的丁拿的两张牌之商为3,可以推断出丁拿的两张牌是3和9或者是2和6;根据丙拿的两张牌之积为24,可以推断出丙拿的两张牌是4和6或者是3和8;根据甲拿的两张牌之和为10,可以推断出甲拿的两张牌是1和9、2和8、3和7、4和6中的一组。我们先假设丁拿

的牌是3和9,那么丙拿的牌就是4和6,而甲拿的牌则只能是2和8,因为乙所拿的两张牌之差为1,而剩下的牌是1、5、7,所以丁拿的牌肯定是2和6,丙拿的两张牌是3和8,甲拿的两张牌是1和9,这样最后还剩下4、5、7三张牌,而乙拿的牌是4和5,那么剩下的那张牌就是7。

伟尼帽子的颜色

伟尼所戴帽子的颜色是蓝色的。

我们先假设伟尼和戴尔的帽子都是白色的,可是会场上只有两顶白帽子,那么此时比杰就应该立刻回答出自己的帽子是蓝色的。因此,伟尼和戴尔所戴帽子有以下两种可能:一、一顶白色帽子和一顶蓝色帽子;二、两顶都是蓝色帽子。因为戴尔看得到伟尼的帽子,所以伟尼戴的帽子假如是白色的话,那就符合"一"种情况,这样戴尔就应该回答出自己帽子是蓝色的才对,而他之所以回答不出来的原因,是因为伟尼所戴帽子的颜色是蓝色的。

数字游戏

小麦是36岁,夏琳是38岁,阳光是37岁。你算对了吗?

从这三个人的对话中可以推测,假设小麦的年龄是三个人里面最大的,那么她说的两句话都应该是真话,然而她的第二句话不符合题意要求,所以,小麦的年龄不是最大的那个人。

假设夏琳的年龄是最大的那个人,那么夏琳所说的两句话就应该是真话,那阳光说的第一句话也是真话,由上文得知,小麦所说的两句话和阳光所说的第二句话就都应该是假话。所以,小麦的年龄是6的倍数,又知她们三个人的年龄是在31岁和40岁之间,那么小麦只能是36岁,而阳光就是37岁。由于小麦所说的都是谎话,那夏琳的年龄就不是39岁只能是38岁。根据上文推理分析,阳光的年龄也不是最大的。因为,假如阳光是最大的那个人,那么,阳光所说的两句话和夏琳所说的第二句话是真话,小麦所说的两句话和夏琳所说的第一句话就都是谎话。这时小麦的年龄应最小,而阳光又比小麦大一岁,夏琳就只能比阳光的年龄大或比小麦的年龄小。这样的结果与题中给的条件不相符合,所以阳光不是年龄最大的那个人。

猜数字

小陈额头上的数字是4,小刘额头上的数字是5。

根据文中所说,这两个数字不会太大,否则是很难猜到的。在这里先假设小刘为第一猜测人,在小王第一次向他们两人发问时,这时只有当小陈额头上的数字为1时,小刘才可能猜测到自己额头上的数字是2,但他们两个第一次是猜错的。因此,在

小王第二次发问时,假如小陈额头上的数字为2,但在第一次提问时,小陈是没说话的,所以小刘猜想自己肯定是3,而此时小王再次摇头,这次二人的想法也是错的,所以没有数字2。当小王第三次发问时,若小陈为3,则自己为2或4,而小陈在第二次提问时无语,所以自己为4,而无人猜到,所以4排除;而第四次时,由于小陈在第三轮依然无语,而小刘率先知道,所以小陈无疑是4,自己就是5,因为若自己是3,小陈在第三次就能猜到。

谁是案犯

我们先假设尔恩是杀人犯,这样一来戴伟说的话就不是实话,而尔恩说戴伟说的是真的也与实际不符,所以尔恩不是杀人犯;假设杰斯是杀人犯,那么戴伟说的话是实话,而杰斯说戴伟在撒谎则又不符合事实,所以杰斯不是杀人犯;假设戴伟是杀人犯,那么他说尔恩没有杀人是真实的,这与杀人犯说了实话相符合,所以杀人犯就是戴伟。

一幅犯了低级错误的画

中古时期绘画都是在现实主义基础上所画,该幅画中第三个武士手里拿的剑是根本不可能拔出鞘的,所以收藏家一眼就看出是伪造的。

商店的常客人数到底是多少

常客人数为168人。假设我们把

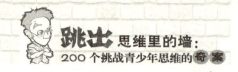
常客的人数设为"X"，那么就可以列出以下等式：X=X/2+X/4+X/7+X/12+4，故最后求得 X=168。

推测营业时间

在周五这一天，三家是全部开门营业的。

假如周日是所说的连续六天中的第一天，那么根据(1)(2)和(4)的内容，超市就是在周日、周一和周三这三天中关门休息。但根据(3)的内容，这样的推测是错误的。如果周一是文中所说的连续六天中的第一天，那么根据(2)和(4)的内容，每天至少有一家单位关门休息。由于每星期有一天三家全都要开门营业，所以这样的推测也是错误的。如果周二是所说的连续六天中的第一天，那么根据(1)、(2)和(4)的内容，百货商店只能在周二、周六和周日这三天中关门休息。但根据(3)的内容，这样的推测也是错误的。如果周三是文中所说的连续六天中的第一天，那么根据(1)、(2)和(4)的内容，银行只能在周日、周一和周五这三天中关门休息，而超市只能在周日、周四和周六这三天中关门休息。但根据(3)的内容这样的推测也是错误的。如果周四是文中所说的连续六天中的第一天，那么根据(1)、(2)和(4)的内容，银行只能在周二、周六和周日这三天中关门休息。但根据(3)的内容，这样

的推测也是错误的。假如周五是文中所说的连续六天中的第一天，那么根据(1)、(2)和(4)的内容，超市只能在周一、周六和周日这三天中关门休息。但根据(3)的内容可得知，这样的推测也是错误的。所以说，周六是文中所说的连续六天中的第一天。即根据(1)、(2)、(4)的内容，可以知道(C代表关门休息，O代表开门营业)：

周	日	一	二	三	四	五	六
银行	C	C	O	O	C	O	O
百货超市	C	O	O	C	O	O	C
商店	C	O	C				

从上面的表格可以很清晰地看出，在周五这一天，这三家是全都开门营业。根据(1)和(3)的内容，超市不可能在周三或周六关门休息；因此超市一定是在星期四关门休息。

诚实国与说谎国

这位游客向他们问的问题是："请问，你们的国家怎么走？"这位游客之所以要问这样一个问题，是因为回答他的无论是哪一国人，他的回答肯定都指向诚实国，这样一来游客就得到了自己想要的答案。

纸牌游戏

黑桃是王牌花色。根据(1)、(2)和(3)内容可知，此人手中的四种花色的分布是以下三种可能情况之一：(a)

1237，(b)1246，(c)1345。根据(6)的内容，情况(c)被排除了，因为其中所有纸牌的花色都不是两张牌。根据(5)的内容，情况(a)被排除了，因为其中纸牌任何两种花色的张数之和都不是6。所以，情况(b)是事实上的纸牌花色分布情形。根据(5)的内容，其中不是应该有两张红心和四张黑桃，就是应该有四张红心和两张黑桃。根据(4)的内容，其中不是应该有一张红心和四张方块，就是应该有四张红心和一张方块。所以综合(4)和(5)的内容可得出，其中一定有四张红心和两张黑桃。因此，黑桃是王牌花色。且此人手中有四张红心、两张黑桃、一张方块和六张梅花。

差距为什么这么大

该题的一个合理解释是：向东的地铁比向西的地铁在到达该地铁站时快了一分钟，也就是说向东的地铁在到达该地铁站后，过了一分钟向西的地铁才到达。

这样一来，向东的地铁再间隔9分钟后另一班向东的地铁又到达，而向西的地铁总比向东的地铁晚一分钟，如此当然东去的可能性是百分之九十。

让陈文贵产生困惑的原因是，他只注意到同一方向的地铁到站的时间间隔是一样的，而没有注意到反方向开的地铁到站的时间间隔是不一样的。

游泳比赛

假如甲是第一名，那么他所说的两句话都是假话，而"得了第一名的那个人至少说了一句真话"，所以甲肯定不是第一名。假如乙是第一名，那么他们这些人所说的话至少有三句话是真的，而这些话中只有两句是真话，所以乙也可能是第一名。假如丁是第一名，那么他所说的两句话也没有一句是真话，所以丁也不可能是第一名；假如丙是第一名，那么他说第二句话是对的，而第一句话应是错的，根据丙说的"我比丁先到达终点"这句话是假的，那么他应刚好比甲或乙先到达终点，即第二名不是甲就是乙。假如第二名是甲，那么他说"我不是第一名"则是真的，而接下来乙说"我不是第二名"那也是真的，所以甲不是第二名，第二名应该是乙。接下来甲还是说对了一句，那么乙所说的两句都不是真的，所以甲应该是第三名，而丁则是第四名，他所说的两句也都不是真的，所以丙肯定就是游泳冠军。这四个人的名次分别是：丙、乙、甲、丁。

好奇怪的一个家庭

这个小孩子是一个女孩。

假如这个小孩子是个男孩的话，那么第二个说话的肯定就是母亲，那么她说的第一句话肯定是在撒谎，而第二句话才是真话。可是，在家庭里的

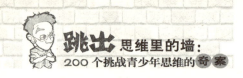

男孩子们没有撒谎的习惯，所以这个假设是错误的。假如说这个小孩子是个女孩，那么第一个说话的人是父亲，这样一来第二个说话的人就是母亲，她说的第一句话则是实话，而第二句话就是假话。在这种情况下，小孩应该说真话，说的是"我是个女孩"。但是这表示第一个说话的人在撒谎，可是男子不能撒谎，所以说这个假设也是错误的。经过这番推理，第一个说话的人是母亲，小孩子说"我是个男孩子"，因此母亲和孩子说的第一句话全部都是假话。

谁是最佳网球选手

最佳选手是科特先生的女儿。

由文中条件（2）知，最佳选手和最差选手的年龄相同；由文中条件（1）知，最佳选手的孪生同胞和最差选手不是同一个人。所以，这四个人中有三个人的年龄相同。由于科特先生的年龄肯定是要大于他的儿子和女儿，因此年龄相同的三个人肯定是科特先生的妹妹、儿子和女儿。由此可知，科特先生的儿子和女儿必定是内容条件（1）中所说的孪生同胞。所以，科特先生的儿子和女儿有一个就应该是最佳选手，由条件知道，科特先生的妹妹是最差选手。根据内容条件（1）得知，最佳选手的孪生同胞一定是科特先生的儿子，而最佳选手就是科特先生的女儿。

圆圈里有几个女孩

根据题目的内容，与安娜相邻的人既可以是两个女孩，也可以是两个男孩。假如与她相邻的人是两个女孩的话，那么安娜必定在她们左右。既然这两个女孩的左右之一是安娜（女孩），那她们另外一边也必然是个女孩。这样一来，整个圆圈就都是女孩了。可是，该圆圈有12个男孩，所以与安娜相邻的两个人一定是男孩，这两个男孩又都在安娜和另一个女孩左右。因此，整个圆圈就是在这种交替模式下继续的，所以女孩的人数与男孩的人数应该是一样，也就是说都是12个。

性别游戏

老年人和年轻人是父女关系。

五边形的房间里一共住了多少人

当天晚上一共有55名假话家族成员住进了五边形的房子里。

因为只有自以为是的家族成员才有可能说自己是假话家族的，可是这对于真话家族的成员来讲就是撒谎，而对假话家族的成员来说就是说了实话。所以，说自己是假话家族的小组肯定就是自以为是家族的成员，人数一共是30人。因此，那个小组里自以为是家族的成员就变成了假话家族的成员。同样道理，只有假话家族和自以为是家族的成员才可以宣称自己是自以为是家族成员，所以宣称自己是自以为是家族成员的小组就肯定有 15 名假话家族成员，另外 15 名则是自以为是家族成员。自以为是家族的成员身份没有变，宣称自己是真话家族成员的小组是由 3 种家族的成员构成。按条件，他们都可以说自己是真话家族成员，所以在这个小组里，10 名自以为是家族的成员就变成了真话家族的成员。因而，最后的结果是：有 15 名自以为是家族的成员（这 15 人对自己身份的表述是实话）；20 名真话家族的成员（10 名本来就是真话家族的成员，10 名原先是自以为是家族的成员）；55 名假话家族的成员（10 名撒谎说自己是真话家族的成员，15 名撒谎说自己是自以为是家族的成员，30 名自以为是家族的成员变成了假话家族的成员）。这样一来，根据题意住在五边形房子里的人是假话家庭，所以当天晚上住在里面的人一共有 55 个人。

童谣里的算术题

我们先是进行以下的逐步分析："虫虫虫虫×飞"的最后结果是不是五位数呢?我们如果仔细分析就会发现，它绝对不是五位数。因为等式右边的"虫子"两字的最大可能是"98"，如果要把 98 平方后，然后再加上一个三位数，这样一来虽然有可能达到五位数，但是还不是最大数，可得出的结果为：98×98+765=10369。而这等式的左边有

可能是"9999 ×飞"，假如它是五位数"飞"起码就为 2，这样一来可得式为：9999×2=19996，不过它已经大于了 10369，所以该等式无论如何都是不可能成立的，因此"虫虫虫虫×飞"必然要是四位数。要使"虫虫虫虫×飞"等于四位数，那么"虫"字就有可能为 9,8,7,6,5，这时的"飞"就一定为 1，或者"虫"字是 4。这时"飞"字是 1,2 或者"虫"字是 3，这时"飞"字是 1,2；或者"虫"字是 2，这时"飞"字是 1,3,4 或者"虫"字是 1，这时"飞"字是 2,3,4,5,6,7,8,9。假如"虫"字是 7 的话，那么等式的左边就为 7777。"子"取最大值 9，那么就可得出 79×79=9241，7777-6241=1536，这样也是一个四位数，而"一大堆"是一个三位数，这又与题意不符，因此"虫"字就必须取比 7 大的数字。假使"虫"字取 8 数字，那么等式左边为 8888。这时"子"字若是取 7 数字，那么"一大堆"又会变成一个四位数，这又与题意相背离，因此"子"字就只能取 9。通过计算，我们可知"一大堆"等于 967，可见"一大堆"中的"一"字代表数字 9，可是 9 已经被"子"字用过了，这与题意又相矛盾，所以"虫"字取值为 8 也是不对的。假如"虫"字取 9 数字，那么等式左边就是 9999， 这时 "子" 字要是取 8,7,5,4,3,2 这几个数字，那么可以

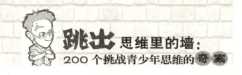

得出的结果就会都与题意相背离，所以"子"字就只能取6数字。然后经过计算，我们可知"一大堆"等于783。整个算式就是：9999×1=96×96+783。同理，"虫"字取其他数字，那么都会出现与题意相背离的情况，因此这个解法是唯一也是正确的。

谁是以后的预言家

题中给出了预言家是四位少女中的其中一个，假如萝莉的预言正确，那么绮花将会是特尔斐城的预言家，可是这样一来绮花的预言也是正确的，结果就将出现两个预言家，因此这种假设是不符合题目中所设条件的。所以，萝莉不是后来的预言家。萝莉既然不是预言家，那么绮花后来也没有当上预言家，所以绮花的预言也是错的。而绮花预言："以后竖琴演奏家不会是蒂米。"既然这个预言是错误的，那么蒂米在日后就肯定是竖琴演奏家。如此一来，就排除了萝莉、绮花、蒂米，结果推理得出预言家是凯丝。因为蒂米的预言是错的，所以以后她也没有与一个叫阿特克赛克斯的男人结婚。

奇怪的两代人

当天是星期四。

我们首先假设当天是星期天，那么这两个人都应说的是实话，但老人却说昨天也就是指星期六这一天是他说谎的日子，而这是与题目的条件矛

盾，因此当天不可能是星期天了。我们再假设当天是星期一，那么小孩讲的应当是真话，但他也同样说昨天也就是指星期天这一天是他说谎的日子，这样答案也是与题目要求相矛盾的，因此当天同样也不会是星期一。同样的道理可推测出当天也不是星期二、星期三、星期五、星期六。所以当天只能是星期四了。因为在星期四这一天，老人是应当说实话，他说昨天即星期三是他说谎的日子；而星期四是小孩说谎的日子，所以他会说昨天即星期三是他说谎的日子。这样就与题意非常吻合了。

谁的房子在中间

这道题需要先判定哪些爱好组合符合这3人的情况，然后再判定哪一个组合与住在中间的人相符合。现在，根据题中所给的条件，每个人的嗜好组合必是下列的组合之一：1.咖啡,狗,雪茄 2.咖啡,猫,烟斗 3.茶,狗,烟斗 4.茶,猫,雪茄 5.咖啡,狗,烟斗 6.咖啡,猫,雪茄 7.茶,狗,雪茄 8.茶,猫,烟斗。

首先，根据题中"没有一个抽烟斗的人喝茶"可以排除上面的3和8；其次根据题中"至少有一个养猫者抽烟斗"，可以断定2是某个人的嗜好；再次，根据题中"任何两个人的相同嗜好都不超过一种"，可以把5和6排除；再加上4和7不可能分别是某两个人

的爱好组合;因此,1 必然是某人的组合。再根据这一条件,还可以排除 7,这样一来剩下的 4 必定就是某个人的爱好组合。

之后,再根据"黎住在抽雪茄的人隔壁;汪住在养狗的人隔壁;兆住在喝茶的人隔壁"这三个题中给出的条件,住在中间房子的人应该就符合下列情况之一:A.抽烟斗又养狗;B.抽烟斗又喝茶;C.养狗又喝茶。既然这 3 人的爱好组合分别是 1、2、4,那么住在中间房子的人的爱好组合必然是 1 或 4,就如以下所示:2-1-4;2-4-1。现在,再根据题中"至少有一个喝咖啡的人住在一个养狗的人隔壁",这样一来,4 就肯定不是住在房子中间的人组合,最后再根据"兆住在喝茶的人隔壁",所以可以确定兆住的房子在中间。

作家的一封遗书

该死者已经死亡了三天,笔记本电脑没有接通电源,机内的电池也不可能维持 3 天的能量消耗,可是电脑屏幕还亮着,所以电脑上的遗书是后来输入上去的。

谁正确

罗宾做出的答案是正确的,娜美的想法是正确的。

因为他们三个人的想法只有一个人的想法是正确的,然而娜美和索隆这两个人对同一个答案的想法是不同的,所以

他们这两个人的想法,肯定有一个想法是正确的,这也就否定了罗宾说自己做错题的想法,即罗宾做的答案是对的,而娜美说她自己做错题的想法是正确的。

被绑架的盲人少女

少女被关在小屋的窗户朝北,也就是面对丘陵的那间屋子里,这可以从少女所说的"夜晚会有一点风吹进来"这句话中得到证实。在海边,每当到了夜晚,因为陆地上的气温要比海面的温度容易冷却,因此这种凉的空气就会从丘陵向海上流动,所以风就会从朝北的小窗口吹了进来。反之也一样,白天由于陆地很快就会变热,风又改从海上吹来,而当早晚的气温相同时,海岸边就会处于没有风的状态了。

星期几会同时值班

从题目中的"四"和"五"可以知道,小陈、小杨是同时在星期四休假;而由"四"和"六"可以知道小陈、小向是同时在星期日休假。由于公司每天都得有人值班,所以小杨必须要在星期日值班,而小向则必须在星期四值班。

由"四"可以知道小陈是星期二休假,所以小杨和小向在星期二都必须值班,否则就将与"三"冲突。

现在我们把上述的信息列成下表:

星期/名字	日	一	二	三	四	五	六
小陈	休		休		休		
小杨	值		值		休		休
小向	休		值		值		

由"二"可知星期一小杨肯定休息，星期三小向肯定休息。所以，当三个人同时值班那就一定会是星期五。现在，完备的值班表如下：

星期/名字	日	一	二	三	四	五	六
小陈	休	值	休	值	休	值	值
小杨	值	休	值	值	休	值	休
小向	休	值	值	休	值	值	休

贴错标签的蔬菜箱子

先从贴有"混合"标签的那只蔬菜箱里拿出一个蔬菜，假如是西红柿，因为原来每个标签都贴错了，那么这个箱子里的蔬菜肯定就是西红柿。而剩下的两个箱子，贴着"黄瓜"标签的箱子里就应该装着黄瓜和西红柿，贴着"西红柿"的箱子里就应该是"黄瓜"。假如从贴着"混合"蔬菜箱里拿出蔬菜是黄瓜，那么原先贴有"混合"箱子里装的就都是黄瓜，原先贴有"黄瓜"的蔬菜箱里装的就是西红柿，原先贴有"西红柿"的箱子里装的就是西红柿和黄瓜。

是哥哥还是弟弟

这个人手里拿的牌是黑色的，根据题中所给的条件，可以断定他说的是假话，而他又自称是布里奇特哥哥，所以他肯定就是布里奇特弟弟。

辨别真假

针对这个问题，假如两个小伙子都回答"不是"，那么，迈克先生就可以断定：左边的路是通向首都的。假如一个小伙子回答"是的"，而另外一个小伙子回答"不是"，那么，左边的路就不是通向首都的。

迈克先生是这样推测的：刚开始，老人告诉迈克先生，后面来了两个小伙子，其中有一个人是说真话的，而另外一个人则是说假话。接着迈克指着一棵大树问老人："这是一棵大树吗？"从老人的回答中，迈克先生知道了老人这一天是讲真话的。而对后面遇到的两个小伙子，迈克提出："左边的路通向首都，而且2加3等于4，对吗？"这是一个问题时，假如左边的路是通向首都的，那么说真话的人应当回答"不是"（因为还有一个条件2加3是不等于4的），说假话的乙也应当回答"不是"（因为左边的路是通向首都而他却应当说谎）。所以当甲乙都回答不是时，迈克先生可以断定左边的路是通向首都的。假如左边的路不是通向首都的，那么甲的回答仍然会是"不是"，而乙对整个问题的回答却应该是"是"（因为问题的前后两部分都错了）。因此，在一个回答"是"，另一个回答"不是"的情况下，迈克先生可以断定左边的路不是通向首都的，而右边的路才是通向首都的。在有一个小伙子说真话时，两个回答不可能都是"是"。

教授所出的谜题

如果仔细分析一下他们第一次猜的结果，那么就会发现甲的判断和丙的判断是矛盾的，所以他们之中必然有一真一假。假如甲的判断是对的，那么乙的判断也是对的，可是这样一来就和莱克教授所说的"只有一个人说对了"相矛盾。因此，甲的判断一定是假的，这样一来丙的判断就肯定是真的了，而其余三个人的判断就都是假的。乙的判断与事实相反，由此一来，字条上写的名字，就一定是乙的名字。

握手游戏

罗宾在宴会上总共与客人握了四次手。

因为每个人握手的次数都不同，所以只有1个人握手最多，与人握了八次手；握手最少的人则握了0次手。由于每个人握手的次数都不同，且宴会上总共有八位客人，所以索隆得到客人的回答当然就应该是8，7，6…2，1，0。我们用A、B、C……J的序号将案件中的十个人按照握手次数由多到少表示出来。假设A的握手次数最多，总共有八次握手，而J一次握手也没有，那么J一定是A的妻子。因为我们已经知道夫妻之间是不握手的且夫妇两人不能重复与别人握手。B有七次握手，所以I一定是B的妻子（有一次

握手）。C有六次握手，所以H一定是C的妻子（有两次握手）。D有五次握手，所以G一定是D的妻子（有一次握手）。E有四次握手，所以F一定是E的妻子，因为F也有四次握手。这样看来，索隆就一定是E了，而罗宾（索隆的妻子）也有四次握手。

新搬进公寓的房客

这3家人的名、姓和所住的楼层分别如下：吉姆·莫盾和凯瑟琳·莫盾夫妇住在一层；珀西·仪斯和多丽丝·仪斯夫妇住在二层；罗杰·贝尔和诺玛·贝尔夫妇住在顶层。

首先可以确定，住在顶层的是贝尔夫妇；其次，珀西是住在吉姆的上一层，而罗杰住在吉姆的楼上，因此可以知道罗杰在顶层，二层是珀西，一层是吉姆。既然住在顶层的是贝尔夫妇，而仪斯夫人住在凯瑟琳楼上，那么凯瑟琳就住在一层，仪斯夫妇则住在二层，这样一来，住在一层的则是莫盾夫妇。而诺玛是住在多丽丝的楼上，并且住在一层的是凯瑟琳，那么诺玛就是住在顶层，而多丽丝则住在二层。

有矛盾的兄弟

他的邻座是四郎和五郎。

由题目得知三郎的邻座不是五郎，那么可以推断出他的邻座只能是一郎和六郎。因此，在一郎、三郎、六郎三人的座位排好之后，那么其他三人

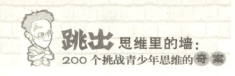

的座次便只有这样的一种坐法了，即二郎坐在三郎的对面，二郎的邻座是四郎和五郎。从而可以看出这个圆形座位是：一郎、三郎、六郎、四郎、二郎、五郎。

帮帮这个家伙

所有的宝物都藏在乙箱内。

一、假如甲箱上的标签属实，那么"乙箱上的标签属实，所有宝物都藏在甲箱里"的两个陈述都是正确的。

二、假如乙箱的字条属实，那么"甲箱上的标签是骗人的，所有宝物都藏在甲箱里"的前一个陈述，也就是"甲箱上的标签是骗人的"这个标签显然是违背了之前的假设，所以不能成立。

三、根据一、二结果，可以进一步推论，甲箱上的标签是假的，即其中至少有一个标签并不属实（可能是前面的句子，也可能是后面的句子）。假如"乙箱上的标签属实"，则表明甲箱的字条是真的，可是这个推论已经被证明不成立了。由此，可以推断，所有的宝物都藏在乙箱里。

受伤者是谁

受伤的人是安丁。

根据A和B所提供的信息，可以知道姆斯是单身汉，因为受伤的人是有妻子的，所以姆斯没有受伤。根据D所提供的信息，"乔丹目睹了整个事故发生的经过"，所以可以知道乔丹并没

有受伤。而根据B可知，马成的妻子不是受伤人的妻子，因此受伤的人也不是马成。而根据B、C、D，可以知道马成的妻子是受伤人的妻子的姐姐，而她既没有外甥女，也没有侄女，说明受伤的人没有女儿，而蓝尔有女儿，因此受伤的人不是蓝尔。因此，安丁就是那位不幸受伤的人。

谁是机械师

史斯是机械师。

从条件（1）、（2）、（6）中可得知司机不是罗宾。在不知道其他人挣钱多少的情况下，从条件（3）、（4）中可得知司机应该是琼斯。从条件（5）中可得知消防员不是史斯。消防员既不是琼斯，又不是史斯，那么他仅只有可能是罗宾。综上所述，那么机械师的名字便很显然是叫史斯了。

谜语专家的谈话

这个女孩子就是这个人的妻子。

请注意最后那句话里有许多可以互相抵消的说法：姑表妹的母亲就是姑姑；姑姑的兄弟就是父亲（从前文里我们已经知道，这个人的父亲只有一个姐妹）；父亲的唯一的孙子就是儿子；而儿子的舅舅就是妻子的兄弟；他唯一的堂兄弟也就是妻子的堂兄弟；妻子的堂兄弟的父亲就是妻子的叔伯；妻子的叔伯的唯一的侄女就是妻子本人。

小刀的价值

现在我们根据已知的条件，还无法列出一个完整的方程式，不过最后却还可以找出一个确切的答案。先是设牛群的总头数为（10x+y），其中 x 代表牛的十位数，而 y 则代表个位数。这样一来，很显然牛群被卖掉的总金额为：（10x+y)2=100x2+20xy+y2。既然最后的 10 块钱是哥哥拿的，那么我们可以知道总收入的十位数是一个奇数。现在，我们从上面的三项式里可以看出，不管 x 和 y 是偶数还是奇数，那么 20xy 的十位数就是偶数。现在为了要使（10x+y）的十位数是一个奇数，那么 yz 的十位数就必须要是奇数。而根据题意可以判定，y 是介于 1~9 之间的一个自然数。于是我们不难发现它们中的那些数平方后的十位数是一个奇数：只有 4 和 6，两数的平方数末位均是 6（16 和 36）。由以上可知，兄弟俩分到最后，弟弟差的钱是 4 元。然而，这个时候你要是回答小刀的价值为 4 元钱，那么你就错了。须要知道，两个兄弟对收入是平分的，哥哥给了弟弟一把小刀，就代表了哥哥少了一把小刀。因此，该题的正确答案应该为：小刀价值 2 块钱。

谁是诚实的人

这个谋士预先在光线非常暗淡的走廊里放了好几筐金币，那些单独穿过走廊的应征者，拿了金币装入自己衣袋中后就不敢跳舞了。因为一跳舞，衣袋里的金币就会叮当作响，从而暴露出自己行为。由此，不敢跳舞的人就不是诚实的人。相反，诚实的人在单独穿过走廊时，因为不会把金币私自装入腰包，所以当然不怕跳舞。

六个座位上的人

从条件"四"中，可以知道小钱可能坐在 1 号或 4 号。我们先假设小钱会坐在 4 号，那他对面 3 号座位上就肯定是小孙。可是条件"二"告诉我们，小孙的对面是位女同志，可小孙对面却是男同志，所以，坐在 4 号位子上的人不可能是小钱。那么这样一来，坐在 1 号座位上的人就一定是小钱，而坐在 2 号座位子上的人一定是小孙。我们从条件"三"可知，既然有胡子的 2 号已经断定是小孙，那么另一个有胡子的 5 号肯定就是小赵，因而坐在 3 号位置上的人就是小杨。再从条件"一"来看，坐在 6 号座位上的人应该是小李，所以剩下的 4 号座位上的人便是小陈了。因而，这六个位置上的人分别是：1 号是小钱，2 号是小孙，3 号是小杨，4 号是小陈，5 号是小赵，6 号是小李。

谁是国际间谍

我们从线索一和六可知，英国旅客面向桌子是坐在 B 先生左侧，而窗子是在英国旅客左边，所以英国旅客就是坐在靠窗的一边，而 B 先生则是挨着过道坐的。从线索三"坐在德国旅客右侧的是穿黑色上衣的人"，可以推论出德国旅客是坐在 B 先生对面靠近过道的一边，而穿黑色上衣的旅客是坐在英国旅客的对面，也是靠窗坐的。从线索四指出"坐在美国旅客对面的人是 D 先生"。由此，四人中的英、德两国籍的旅客位置已经确定，所以他俩对面的旅客绝对不可能是 D 先生，这样一来 D 先生只可能是德国和英国旅客两者中的一个。我们先假定德国旅客是 D 先生，那么根据线索四，可推出 B 先生是美国人，这样一来坐在 D 先生旁边的穿黑色上衣的便是俄国旅客。再根据线索三，从上述推论显然与线索五"身穿红色上衣的是俄国旅"相矛盾，所以该假设不能成立，由此可知 D 先生绝对不是德国旅客，而是英国旅客。既然英国旅客对面坐的是美国旅客，那么他旁边坐的 B 先生就是身穿红色上衣的俄国旅客。我们从线索二可知，A 先生是穿褐色上衣的，所以他只能是德国旅客，由此剩下的 C 先生就是穿黑色上衣的美国人。从上述推理中我们可知，德国人身穿褐色上衣坐在 A 座，俄国人身穿红色上衣坐在 B 座，美国人身穿黑色上衣坐在 C 座，因此，坐在 D 座身穿

蓝色上衣的英国人就是国际间谍。

辨别真假硬币

首先为这 12 枚硬币依次编个序号，分别是 a、b、c、d、e、f、g、h、i、j、k、l。然后将它们四个为一组分成三组，分别记为 abcd、efgh、ijkl。任意拿出其中的两组 abcd 和 efgh 放在天平的两侧称重量（第一次称量）。

情况一：假如天平的两边是平衡的。那么从 a 到 h 的这八枚硬币则都是真的。接着把剩下的四枚硬币任意拿出其中的三枚（比如是 i、j、k）放到天平的一端，另一端放三枚已经确定出来的真币（第二次称重）。如果天平两端是平衡的，那么剩下的那枚硬币 l 就是假币了。假如天平两端不平衡，那么假币就肯定是 i、j、k 中的其中一枚，而且通过第二次天平的测量，我们已经可以得出假币的重量是轻还是重了。再将 i、j 放在天平两边来称，如果不平，因为已经知道假币是轻还是重了，所以就可以知道哪一枚是假币了（第三次称重）。如果天平的两端是平衡的，剩下的 k 就是假币。

情况二：天平的两端不平衡，那先假设 abcd 这组更重。

假币就在 a 到 h 里面，剩下的四枚是真币。将 a 和 f、g、h 组成新的一组，放到天平的一端，而把 e 和三枚真币放在另一端（第二次称重）。

情况 a：天平平衡了。假币在 b、c、d 里面，而且知道它比真币重。把 b、c 两枚硬币用天平称一下，就知道哪枚是假币了(第三次)。

情况 b：a 所在的那组比较重。假币不是 a 就是 e。随便拿一枚和真币放在天平上称，就知道谁是假币了(第三次)。

情况 c：e 所在的那组比较重。假币在 b、c、d 中间，而且知道它比真币轻。把 b、c 放在天平上称一下，就能找出假币了(第三次称重)。上面的过程看上去十分的复杂，但其实思路相当简单。大家都知道。三枚硬币且知道轻重是可以称量一次就能判断出来的。于是首先想到的是将硬币分成四组。但是如果这样做就得利用天平称三次才能知道假币在哪一组里面，不符合题目利用天平三次的要求。因此，我们只能将硬币分配成三组。如果每组的成员都不动的话，需要称两次才能知道假币在哪一堆里面。但是四枚硬币一次又称量不出假币，也应该被排除。于是，各组中的硬币肯定要进行调换，这样就只剩下我们上面提供的这种方案了。

失物招领处

我们根据一和二，可以知道托马斯找回的是红色手套。这样一来，多拉找回的就肯定是蓝色手套，而利比找回的则是带花纹的运动衫。再根据三可以知道，温妮找到的是蓝色帽子，因为她戴在了头上，所以手中没有拿着，最后剩下的黑色运动鞋自然属于罗布了。

有趣的门牌号

J、X 和 Y 分别住在 792、264 和 462 号。

假设 J 姐妹三个人的门牌号分别为 J、X、Y。由于 X 与 Y 的门牌号数是可以相互颠倒的三位数（如 102 与 201，982 与 289 等）。因此，它们之差应该是 99 的倍数，例如 102 与 201 互为颠倒数，它们之差为 99，再加 456 与 654 互为颠倒数。它们之差是 198，是 99 的两倍。由上文可得知，J 的门牌号数是一个可被 99 整除的三位数。其中，这样的三位数共有 9 个，他们分别是：198、297、396、495、594、693、792、891、990。然后再根据 J 的门牌号数可以被 X 和 Y 整除这一点，可从这 9 个三位数中进一步把不成立的三位数排除掉。即将这 9 个数分解成下表中的数字。从表中可知，第一行和第二行这两个三位数是不符合题目要求的。因为 X 既不等于 J，但又要能整除 J，所以 X 所能取的最大值必定是 J 的三个最大质因数之积。但又因为这个积只能是二位数，这一点与题意相反。依次类推，从下表中可以发现仅有 396、693、

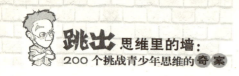

792 和 990 四个数字是可以成立的。

另外,既然 J 又补充了她两个妹妹的门牌号数之差后,W 立即得到了唯一的正确答案,可见,J 告诉 W 的那个号数差必为 198,不然,W 还是得不到唯一答案的。因为差为 99 的有 4 种可能。所以,J、X 和 Y 分别住在 792、264 和 462 号。

	J	J 的质因数	X	Y	Y–X
1	198	3.3.11.2			
2	297	3.3.11.3			
3	396	3.3.11.2.2			
4	495	3.3.11.5	132	231	99
5	594	3.3.11.2.3			
6	693	3.3.11.7	231	132	99
7	792	3.3.11.2.2.2	264	462	198
8	891	3.3.11.3.3.			
9	990	3.3.11.2.5	495	594	99

帮帮这个冒险家

根据黄宝石上的话,我们可以知道与蓝宝石对应的是黄宝石。而根据红宝石的指示,紫宝石应该处在红宝石或绿宝石下。可是,紫宝石却不可能在红宝石下,否则按照蓝宝石的提示,绿宝石就会在绿宝石下,而这是相悖的,所以是不正确的。由此,绿宝石下的便是紫宝石。然后再根据紫宝石的提示,可以判断出,紫宝石下的是红宝石,而红宝石下的是蓝宝石。这样从左到右,就可以分别列出宝石及宝石的

颜色了:外:红、蓝、绿、紫、黄;内:蓝、黄、紫、红、绿。

共有多少囚徒

因为莱克位于队列的正中间,所以列队里的囚犯人数是奇数。由于姆斯是排在第 20 个,因此囚犯们的数量至少有 21 人。由于瑞恩不在正中间,而是靠后的第 12 个,所以列队里的人数一定少于 24 人。而莱克所站的位置肯定是一个比 12 小的数,假设他排在第 11 个,那么整个队列中就共有 21 个囚犯,这样的话就不符合前面的所有条件,可是若排的位置小于 12 的任何一个数都不符合前面的条件,因此列队里共有 21 个犯人。

她们到底是谁

根据题目,可知詹晶丝小姐现居住新西兰(线索二),而现居住美国的小姐是 FBI 成员(线索四),那么由于电视台播音员哈尼小姐不在冰岛(线索四),则其一定是居住在英国。而贝尔不是美国 FBI 成员(线索四),那么 FBI 成员一定就是阿兰小姐,剩下贝尔的名字就是佐伊。而阿兰小姐的名字不是乔(线索四),她现在是 FBI 成员,她不是飞行员安纳(线索一),那么她的名字一定是陆易斯。而哈尼是电视台播音员,她的名字也不是安纳,那么她就是乔,飞行员安纳就是现居新西兰的詹晶丝小姐(线索二)。最后通

过排除法,佐伊·贝尔就是现居住在冰岛的医院助产士。

因此就可以得出了安纳·詹晶丝,新西兰,飞行员;乔·哈尼,英国,电视台播音员;陆易斯·阿兰,美国,FBI成员;佐伊·贝尔,冰岛,助产士。

谁先到公司

玛丽先到公司。

因为玛丽以速度 a 所行驶的路程较长,所以要比迈克先到达公司。

当题目中给出的条件不多时,要通过适当的假设来推敲出题目中所隐含的一些关键信息,这是逻辑推理中非常重要且关键的技巧。例如本题中所说,因为玛丽用较慢的 b 速度行驶的路程,迈克也同样用较慢的 b 速度行驶,玛丽用较快的 a 速度行驶的路程,迈克也同样用较快的 a 速度行驶,而这些条件对我们的推理不会产生太大的影响。所以我们要分析的是余下的那些条件,就是玛丽用较快的 a 速度行驶的路程和迈克用较慢的 b 速度行驶的那段路程。

穿了红色衣服的人是谁

当前,我们根据她们的对话,可以知道小蓝穿的衣服是红色或者是绿色,而回答她的人则穿着绿色衣服,所以小蓝身上的衣服是红衣。同理,穿蓝色衣服的就一定是小绿,而穿绿色衣服的人就肯定是小红。

为什么会选择不会游泳的船老大

这个坐船的人从侧面进行推理认为,不会游泳的船老大在驾船时,必定会加倍小心翼翼划船,所以坐他的船是比较安全的。

有趣的椰子

最少采摘了 3121 个椰子。

因为最后剩下的椰子是 5 的倍数,所以就假设椰子数是 5k,而第五个人开始分椰子时椰子的数量为 5k×5/4+1=25k/4+1=(5k+4)(5/4)−4,第四个人开始分椰子时椰子的数量为 [(5k+4)5/4−4]×5/4+1=(5k+4)(5/4)2−4,依次递推,第三个人开始分椰子时椰子的数量为(5k+4)(5\4)的 3 次方减 4,第二个人开始分椰子时椰子的数量为(5k+4)(5\4)4−4,第一个人开始分椰子时椰子的数量为(5k+4)(5/4)5−4。设 X 为(5k+4)(5/4)5−4,显然,要使 X 是整数,应该有 5k+4=h×4 的 5 次方,其中 h 是任意正整数,当 h=1 时 k 有最小值 204,这时 X=5 的 5 次方减 4 等于 3125 减 4 等于 3121。

头上沾有泥巴的七个孩子

假如只有一个孩子额头上有泥巴,那么当老师问第一遍问题时,这个孩子就会立即举手,因为他会没有看到任何一个孩子额头上有泥巴,同时他又从老师的话里判断出至少有一个人额头上有泥巴,所以他会立即

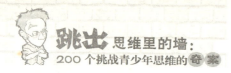
推断出是自己的额头上有泥巴。假如有两个孩子的额头上有泥巴，那么他们会看到至少有一个人的头上有泥巴，在老师问第一遍问题时，他们都无法确定是否自己的额头上有泥巴，可是当第一遍提问结束没有人举手时，他们立即就会明白自己的额头上有泥巴，因为，如果自己的额头上没有泥巴，他们所看到的那个额头上有泥巴的孩子在第一遍提问时就会立即举手，由此当老师问第二遍问题时，这两个额头上有泥巴的孩子就会同时举手。假如有三个孩子的额头上有泥巴，那么他们至少会看到有两个孩子的额头上有泥巴，当老师问完第一遍和第二遍问题时，他们都无法确定是否自己的额头上有泥巴，可是当第二遍提问结束却没有人举手时，他们会立即明白自己的额头上有泥巴，因为如果自己的额头上没有泥巴，那么他们所看到的那两个额头上有泥巴的人在第二遍提问结束时就会立即举手，故而当老师问第三遍问题时，这三个额头上有泥巴的孩子就会同时举手。

综上所述，我们可以得出这样的结论：假如有 N 个孩子的额头上有泥巴，那么当老师问完 N 遍问题后，那么所有额头上有泥巴的孩子就会同时举手。老师之前说过至少有一个孩子的额头上有泥巴，这是一个不可缺少的条件。当有两个孩子的额头上有泥巴时，确实所有的孩子都已经知道至少有一个孩子的额头上有泥巴。可是，假如两个额头上有泥巴的孩子光知道至少有一个孩子的额头上有泥巴，而不知道对方也知道至少有一个孩子额头上有泥巴，那么他们是不可能在两个问题提问后举手的。所以，老师说的话，让所有的孩子都知道至少有一个孩子的额头上有泥巴，这个是本题最关键的一个条件。

赔本的买卖

这位女售货员的想法是错误的。

为她赚 25% 利润的那张办公桌，其成本价应该是 960 美元，零售价 1200 美元，利润收入 240 美元。让她亏损 20% 的那张办公桌，其成本价应该是 1500 美元，零售价 1200 美元，亏损 300 美元。这两笔生意总共是亏损了 60 美元，也就是说，最终的结果并不是女售货员想的那样。

黑白球游戏

题中的条件是所有的标签全部贴错了，所以先要打开标有黑白标签的盒子，假如看到里面是一只黑色小球，那么另外一只一定也是黑色小球；假如看到盒内是一只白色小球，那么另一只一定也是白色小球。

我们可以假设已经发现贴有黑白

标签的盒内装的是两只黑球，那么贴有黑色标签的盒内只能是两只白色小球，而贴有白白标签的盒内是一只黑色小球和一只白色小球；假如贴有黑白标签的盒内发现是两只白色小球，那么贴有黑黑标签的盒内则装的一定是一只黑色小球和一只白色小球，而贴有白白标签盒内装的就只能是两只黑色小球。

皇帝与大臣

在第二十天，这二十位大臣都立即杀掉了自己的侍卫。

我们假设这些大臣只有甲、乙两个人，那么甲大臣肯定会想：我也不能肯定我的侍卫是好人还是坏人，假如我的侍卫是好人，那么乙大臣肯定会杀了自己的侍卫，而消息也就会刊登在第二天的报纸上。假如早上的报纸没有刊登这条消息，那么我就会在第二天杀了我自己的侍卫……以此类推。到第二十天，报纸都没有刊登侍卫被杀的消息，这样一来所有的大臣就都会把自己的侍卫杀了。

失眠时刻

从线索一中可知，在 1:30 睡着的洛拉·克斯上床的时间比在 11:00 带本枯燥无味的书上床的人早；在线索六中，10:30 上床的人直到 1:00 才睡着，在线索二中，9:30 上床的人既不是洛拉·克斯，也不是布斯·威尔杰，由以

上线索可得知，洛拉·克斯是在 10:00 上床的。她没有带枯燥无味的书上床，也没有去听令人轻松的音乐，因为在线索五里，听音乐入睡的人直到 3:00 才睡着。在线索四中，她没有喝热饮料，因为那是莱卡·库恩。而从线索中，可知使用草药枕头的人既不是洛拉·克斯，也不是布斯·威尔杰，所以她一定是使用了数绵羊的方法。最后在线索二中，3:00 睡着的人不是在 9:30 上床的，所以一定是在 11:30 上床的，因而根据线索三可知，希尔曼·哈贝德吉是在 10:30 上床的，从线索六中，可知他是在 1:00 入睡的。综上所述，使用草药枕头的人是希尔曼，因而库恩是在 9:30 饮了杯热饮料上床。现在我们根据线索三可以得出，布斯·威尔杰是在 11:00 上床的，而克斯特·那埃特则是在 1:30 上床的，因为从线索二中，可知莱卡·库恩最后比布斯·威尔杰早睡着，所以库恩是在 2:00 时睡着的，而布斯·威尔杰则靠着那本枯燥无味的书在 2:30 进入了梦乡。因此，最终的莱卡·库恩，9:30，热饮，2:00；洛拉·克斯，10:00，数绵羊，1:30；希尔曼·哈德吉，10:30，草药枕头，1:00；布斯·威尔杰，11:00，枯燥无味的书，2:30；克斯特·那埃特，11:30，放松的音乐，3:00。

奇妙的号码

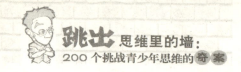
这次马拉松比赛是在 11 月份举行的，唐杰的号码为 0108，杰斯为 1188，救护车与他们相遇的时间是上午 9 点整。

因为（1）司机在镜中看到的号码其实并不是实际的号码，因为在镜中仍能成为数字的只有 0 和 8，有时"1"也有可能是左右对称的，这得要看号码用什么字体了。

（2）由于唐杰号码的各数字之和为上午某点整，因此唐杰的号码中有且只有一个 8。若设本月月号为 n，则（$n \leq 12$）。n 乘以带有一个 8 的数字，其积仍为 0、8 或 1 的，n 只能取 10 或 11。根据司机所说，唐杰的号码数与本月月号之积并非杰斯的号码数，而是杰斯号码的 10 倍，可见 n 不为 10，故 n 为 11。

（3）假如唐杰的号码中没有数字 1，又由于唐杰号码为三位数，那么他的号码只能为 0800，然而杰斯的号码为 0800×n 就会大于 5000，这与题目的意思不符，故唐杰的号码中必定有数字 1。所以，这里有可能的号码则为：0801、0810、0811、0108、0118、0180 和 0181。

（4）现在我们用 11 乘以以上各数，结果只有 0108 和 0801 的积仍由 0、1、8 三个数字组成。假如唐杰号码为 0801，那么杰斯号码就为 8811，这

与题意也不符合。所以，唐杰的号码应该是 0108，而杰斯的就是 1188。而司机在镜中看到的唐杰的号码为 8010，杰斯为 8811。由于唐杰的号码为 0108，所以可以得出救护车与他们两个人相遇的时间是上午 9 点整。

天机不可泄露

这位算命先生为何算得如此准确？这是因为他根本就没有盲。他在给富绅算命时，看到其背后有个不怀好意身穿风衣手持枪的人，于是便好心地暗示富绅。可惜这位富绅不信"命"，对此没有一点防备。

概率大小

实际的情况是，小何仍然是在三个碗中选择一个，这样他选择正确的概率仍然是三分之一，因为选择后再揭开另一个空碗对于他之前的选择没有任何影响。

五个酒鬼先生

我们根据"一"、"二"这两个所给出的条件，可以推论出收到白兰地的先生只可能是"鸡尾酒"先生或者是"伏特加"先生。再根据所给的条件"三"可以推断出"鸡尾酒"先生所送的礼品就只能是白兰地，那么收到白兰地的就只能是"伏特加"先生，并且同时也可以知道"白兰地"先生把伏特加送给了"威士忌"先生。再根据条件"二"则可以得出"伏特加"先生把

威士忌送给了"人头马"先生。由此一来，我们现在可以清楚地知道："人头马"先生送给"白兰地"先生的酒是鸡尾酒；"鸡尾酒"先生送给"伏特加"先生的酒是白兰地，"伏特加"先生送给"人头马"先生的酒是威士忌。"白兰地"先生送给"威士忌"先生的酒是伏特加。这样一来，剩下的就只可能是"威士忌"先生送给"鸡尾酒"先生的酒是人头马。

蛋糕被谁给偷吃了

这个大蛋糕是比斯偷吃了的。

我们先假设尔恩偷吃了蛋糕，这样一来比斯和布兰说的话就是真话；再假设是尼佳偷吃了蛋糕，那么其他三个人说的话就是真话；假设蛋糕是被比斯偷吃的话，那么只有布兰说的话是真话；假设蛋糕是布兰偷吃的话，那么说真话的就是尼佳和比斯。如此推论，得出的结果就是比斯把蛋糕给偷吃的，布兰说的话是真话。

究竟有几个天使

她们三人中至少有两个人是天使。

我们假设甲是魔鬼的话，那么可推断出他们几个都是魔鬼，可是这样一来，乙是魔鬼的同时又说了实话，彼此存有矛盾，所以甲就是天使。我们要是假设乙是天使的话，那么从她的话里来看，丙就成了魔鬼。相反，要是假

设乙是魔鬼的话，那么从她的话来看，丙就是天使了。所以，不管怎么样，三个美女中都会有两个人是天使。

天平商家的促销活动

很明显，1 克的砝码一定要有，因为可以称 2 克的物体。那么就可以有以下三种选择：再加一个 1 克的砝码、直接用 2 克的砝码或者还可以使用 3 克的砝码。使用 3 克砝码时，称 2 克物体时，就需要将 1 克的砝码放在物体的一侧，因为 3-1=2。为了减少砝码的数量，我们应该用一个 3 克的砝码，这样一来 4 克的物体也可以称了（3+1=4）。既然砝码是可以放在天平的两边，由于 9-3-1=5，为了称 5 克的物体还可以选取的砝码应该是 9 克。有了 9 克的砝码就可以称出 6 克至 13 克重量的物体。同理，如果要称 14 克的物体，那么可以选取的最大质量砝码为 27 克（27-9-3-1=14）。由以上结果所知，我们只要有 1、3、9、27、81 克的砝码各一个，那么就可以称出 1 克至 121 克中所有整数克重的物体。

是谁看了足球比赛

我们先假设看了足球比赛的人是 A，那么他自己所说的三句话都是错的，因此可以确认 A 没有看足球比赛；再假设看了足球比赛的人是 B，这

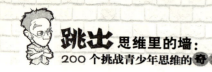

样可以确定他说的有一句话是错的，但是又不能确定其他几句正确；那么再假设看了足球比赛的人是C，那么他自己所说的话就有两句话是错的，所以C也没有看足球比赛。如此，同样的方法也可以推断出D和E都没有看足球比赛。那么真实的情况就只可能是B看了足球比赛，如果B看了足球赛则可以肯定他们每个人都说对了两句话、说错了一句话，所以看了足球比赛的人就是B。

谁的年龄大

假如尔成说的话是实话，那么尔功说的话也是实话，所以与题目所给的条件不符。假如尔成说的话是假话，那么尔功说的话也是假话，可是这样一来就不符合"他们之中至少有一个人在说谎"这个条件了，所以说两个人都说了谎，而根据题目所给的内容可以知道尔功的年龄比较大。

100位议员

根据事实（1），我们知道他们之中至少有1个人是廉洁者，现在假设其中有一名叫弗克的是廉洁的人，那么再从其余99名受贿者中任选一人组成一对，使他们既符合（1），也符合（2）。不过，我们还可以通过另一种方法来证明：根据事实（2），任意一对中至少有一名受贿者，即任意一对里不能全是廉洁的

人。而根据第一条事实，这100名议员中至少有一名是廉洁者。因而可以确定他们之中只有一名廉洁的人，而其余99名是受贿的人。

作弊者是谁

娜美作弊了。

既然这三个学生中肯定有一位学生作弊，那么我们就可以运用假设列举法，分析解决所有的可能性。假设雅辛作弊了，那么这三个学生都是在撒谎，即不成立；假设佩奇作弊了，同样这三个学生也都是在撒谎，这个假设也不成立；那么，现在唯一的答案就是"娜美作弊了"。当然，这时会有人提出这样的疑问：如果娜美作弊了，那么他们三个学生说的都是真话，就没人说假话了，这好像不符合条件。不过认真仔细思考分析以后，你可以发现，原来是雅辛的说法有问题，虽然娜美作弊了，但是他并没有看到。雅辛说了假话，也就是说"我看到了娜美作弊了"这句话不是真的。这句话的反面，我们通常会认为是"我看到娜美没有作弊"。但是，其实还有另一种可能的理解，那就是"我没有看到娜美作弊"。

确认各自的新娘

因为已经知道了他们所说的话都是错的，所以可以知道巴尔不会跟安琪结婚，因此跟安琪结婚的就只有汉

杰或者雷恩，而安琪说要跟雷恩结婚也是错误的，那么安琪就是与汉杰结婚。因而，雷恩也不会与安娜结婚，那么他只能跟艾佳结婚了，最后也可推知巴尔会和安娜结婚。即艾佳是雷恩的新娘，安娜是巴尔的新娘，安琪是汉杰的新娘。

卡罗琳的食物

在这四天里卡罗琳吃掉椰蓉面包的数量是 10 个，吃掉的豆沙面包为 12 个。根据题目内给出的星期一吃了 3 个，星期二吃了 1 个。可以推断出星期三和星期四应该分别吃 2 个和 4 个或 4 个和 2 个。假如星期三吃 2 个，那么星期四就是吃 4 个。根据条件"一"和"二"中的星期四吃了 5 个豆沙面包，那么星期三吃的面包总数应该是 8 个，而星期三吃的椰蓉面包的数量是 2 个，那么吃豆沙面包的数量应该就是 6 个，可是这与豆沙面包每天数量在 1~5 个之间不符，所以星期三应该吃了 4 个椰蓉面包，星期四吃了 2 个椰蓉面包。并由此推断出：星期三吃了 2 个豆沙面包，星期二吃了 4 个豆沙面包，星期一吃了 1 个豆沙面包。

所以，卡罗琳在这四天里吃面包的情况是：周一吃了 3 个椰蓉面包，1 个豆沙面包；周二吃了 1 个椰蓉面包，4 个豆沙面包；周三吃了 4 个椰蓉面包，2 个豆沙面包；周四吃了 2 个椰蓉面包，5 个豆沙面包。

喜欢喝酒的夫妻

根据题目所给的妻子喝完一桶白兰地需要 40 个星期，所以可以得出她一个星期可以喝掉 1/40，而他们二人喝完一桶白兰地要 8 星期，所以夫妻一星期可以喝掉 1/8，由此可以求出，丈夫喝完半桶白兰地要 5 星期的时间；按照上面的方法，从而也可以求出妻子喝完半桶葡萄酒需要花费 42 天，所以丈夫喝完了白兰地时，妻子还剩下 1/12 桶葡萄酒没有喝完。最后，两个人喝完所有的葡萄酒，还需要花费 5 天的时间，因此，喝完这些酒他们夫妻二人一共要花费 40 天的时间。

按响门铃的按钮

根据已知的条件，2 是 3 右边的第三个，那么 4、5 都应该在 3 的左边，因此 2 就一定是最右边的那一个。而 3 又位于左起的第三个，又知 4 紧靠着 5，那么这两者的位置只能是 54 或 45。假如是 54 的话，根据 2 和 1 中间隔一个按钮，则左起第三个应该是 1，可是这样就不成立了。因此，只能是 45。而 1 是 3 右边的第一个，因为如果 1 在 4 左边，会与"3 位于左起第三个"矛盾。于是现在可以得到这六个按钮的位置分别为：4531X2，因此按响门铃的按钮一定是第五个按钮 6。

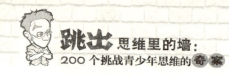

四兄弟的任务

我们根据条件给出的"老大既不挑水也不淘米"，所以可以知道老大可能烧水也可能洗菜；而"老二既不洗菜也不挑水"，所以可以知道老二可能烧水也可能淘米；而根据"老三既不挑水也不淘米"，所以可以知道老三可能洗菜也可能烧水。但因为"如果老大不洗菜，那么老四就不挑水"，那么他们四个人中就没有人去挑水，因此老大会去洗菜，而老四则会去挑水，依次类推下去，所以老三会去烧水，老二会去淘米。

两个相同的气球

因为这两个气球内一个装的是热水，而另一个装的则是冷水。装热水的气球温度高，所以密度相对较小，因此它就比装冷水的气球轻，这样一来自然就会浮在水面上了。

吃完野羊的时间

根据题意，我们知道狮子 1 个小时吃 1/2 只羊，熊 1 个小时吃 1/3 只羊，狼 6 个小时吃 1/6 只羊，这样一来，就可以得出以下算式：1/2+1/3+1/6=1，因此它们 1 小时正好可以全部吃完这只羊。不过想想看，这有些不可能，因为狮子、熊和狼不可能在一起吃晚餐的，它们要是在一起吃肯定会打起来，所以到底可以用多少时间能将这只羊吃完，那就要看运气了。

铁丝的温度有怎样的变化

小李说的是正确的。

当铁丝左端遇到冷水时，这根铁丝的电阻就变小了，因而电流就会加大，所以右端就会变得更热。

遗产该怎么分

根据迈阿密先生的遗嘱，我们可以这样理解：假如生的孩子是男孩，那么他得到的遗产就是妻子的两倍；假如生的孩子是女孩，那么妻子得到的遗产就是女儿的两倍。因此，儿子、妻子以及女儿所得遗产的比例应为：2:1:0.5，也就是 4:2:1。因此，根据迈阿密先生所留的 2100 万英镑，其儿子应该得到 1200 万英镑，妻子应该得到 600 万英镑，女儿应该得到 300 万英镑。

三张扑克牌游戏

（1）题目的线索说红牌最多一张，那么牌的背面最多也只有一句话是真话，现在第一张牌的背面和第三张牌的背面说的话都是一样，因此可以断定它们都是假话。假如它们都是真话，那么就有两句是真话了，所以说它们是假话。这样一来，既然第一张牌的背面是假话，那么它就是 A，并且还是黑 A。

（2）根据题意，第三张牌很明显不是红色的牌，因为红色的牌背面是真话，假如第二张牌是红色的牌，那么第一张牌就应该是黑色的牌，这样一来剩下的第三张牌就是怪牌。为此，第一张牌的背面就说了真话，但是它是黑牌，而黑牌背面应该是假话。所以，第二张牌肯定不是红牌，而第一张牌就肯定是了。接着，再根据它背面的真话，可以断定第三张牌是怪牌，剩下的第二张牌，就一定是黑牌了。

表演学校的话剧演出

我们假设黛佳在排练的时候是扮演大象，这样一来那么安娜就是在撒谎，可是这是不可能的。那假设安娜在排练时扮演了大象，那么丹妮和杰斯之间至少有一个人是在撒谎，显然这也是不可能的。假设丹妮在排练时扮演了大象，那么真正演出时扮演犀牛的就一定是杰斯，而在排练时扮演犀牛的既不是杰斯也不是丹妮、安娜（丹妮的话是假的），更不是黛佳（安娜的话是真话），那么犀牛就成了没有人扮演的角色，明显这也是不可能的。所以，在排练时扮演大象的就应该是杰斯。由于四个人中只有杰斯是在撒谎，所以她在演出时肯定不是扮演了犀牛，自然她也不可能扮演大象，所以她只能扮演狮子或者老虎。而我们根据黛佳的话，老虎在演出时是安娜扮演的，所以杰斯在演出时是扮演了狮子角色。然后再根据丹妮的话

可以知道，安娜在排练时是扮演狮子角色。于是，丹妮在排练时是扮演了犀牛。在演出时，黛佳和丹妮分别扮演了犀牛和大象。由于丹妮不再可能扮演犀牛，那么她只能扮演大象，而黛佳在演出时只能扮演犀牛。于是丹妮在排练时扮演的是犀牛，在演出时扮演的是大象；黛佳在排练时扮演的是老虎，在演出时扮演的是犀牛的角色；安娜在排练时扮演了狮子，在演出时扮演了老虎；杰斯在排练时扮演了大象，在演出时扮演了狮子。

谁点了牛排

点了牛排的人是坐在"C"座位的史斯先生。

该题破解的关键在于"邻座的人都点了不一样的东西"，因此只要依次排出他们所点的东西，并且推算出他们点的主菜，那么题中没有点主菜的人便是点了牛排的那一位。从题中可知，杰克先生是坐在 A 座，所以布尔先生一定不可能坐在 B、C 座，这样一来就可以确定坐在 D 座的人是布尔先生，而坐在 B 座的人是点了一份猪排，所以史斯先生肯定是坐在 C 座。在前文里又交代了 A、D 两人点的是鸡排和羊排，所以可以判定出坐在 C 座的史斯先生点的主菜是牛排。

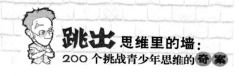

不见了的金属球

这个球是用凝固的水银制作而成的，在水银融化后，就从底端的小洞流到了玻璃容器里，因而盒子的内部仍然保持干爽。

国际会议

我们首先画好下面的表格，凡是对的条件，那么就填入"√"；凡是不可能的情况，那么就填入"X"。于是我们可以得到的初步情况如下表：

	甲	乙	丙	丁
法				
英		X		
汉				
日	√			X

根据题意，甲先生会说汉语或英语的情况都有可能，那么我们先假设是汉语。

根据题目"三"可知，甲和丙之间没有共同语言，于是可知丙先生会说英语和法语两种语言。

再根据题意可知"乙与甲必须要有一种共同语言"，所以乙必须懂汉语或是日语。现在我们先假设乙懂汉语，那么由于乙、丙也要有共同语言，所以乙还必须懂法语。

现在我们根据第"二"条，丁先生应该懂汉语，那么他的第二语言必定是英语而非法语，否则乙、丙、丁就将

有一种共同语言了，而这与第"四"条规定是不符合的。当前，全部情况都已弄清楚了，详细见下表：

	甲	乙	丙	丁
法		√	√	
英			√	√
汉	√	√		√
日	√			

需要说明的是，如果使用其他假设，那么最后都会导致矛盾，所以本题就只有以上唯一的答案。

聪明的小孩

小孩对旅店的老板说："老板，我要租这间房子，我没有带小孩，只带了两个大人。"

猫狗比赛

小白猫是冠军。

实际上，小白猫和小黑狗的速度是一样的。按理说，相同的速度、相等的距离，用的时间肯定相等，那就是说它们是同时到达终点的，分不出胜负了。但是，想清楚哦，由于小黑狗的身体长度是 30 厘米，所以比赛结束时，小黑狗不是跑了 200 米，而实际上是跑出了 200.4 米，所以小白猫将取胜。因为在折返前的最后一步，小白猫只要跨 40 厘米，就刚好到达折返点，而小黑狗一步要跨 60 厘米，所以当小白猫到达终点时，小黑狗的脚还没有落地呢！

被捕的购物者

这个男人更换了商品条形码,他把相同商品的小包装条形码换到了大包装上。细心的收银员发现条形码不对后,就按响了保安室的警铃。